Personagens e imagens de uma cidade

PREFEITURA MUNICIPAL DE NITERÓI
SECRETARIA MUNICIPAL DE CULTURA
FUNDAÇÃO DE ARTE DE NITERÓI

PREFEITO
Jorge Roberto Silveira

SECRETÁRIO DE CULTURA
Marcos Gomes

SUBSECRETÁRIA DE CULTURA
Maria Dulce Reis Galindo

PRESIDENTE DA FAN
Cláudio Valério Teixeira

SUPERINTENDENTE DA FAN
Ivan Macedo

DEPARTAMENTO DE MEMÓRIA CULTURAL – DEMEC
DIRETORA
Juliana Carneiro

André Diniz; Angela Provetti; Carlos Alberto Rodrigues; Daniel Damasceno; Euclides Duque; Graça Porto; Lúcia Marques; Magda Bittencourt; Mônica Tinoco; Nise Gonçalves.

DEPARTAMENTO DE PRESERVAÇÃO E REABILITAÇÃO DO PATRIMÔNIO CULTURAL – DEPAC
DIRETOR
Luis Eduardo Pinheiro da Silva

Regina Prado Guelman

UNIVERSIDADE FEDERAL FLUMINENSE
DEPARTAMENTO DE HISTÓRIA
LABORATÓRIO DE HISTÓRIA ORAL E IMAGEM

Reitor
Cícero Dias

Diretor do Centro de Estudos Gerais
Humberto Fernandes Machado

Diretor do ICHF
José Novaes

Chefe do GHT
Theo Lobarinhas Piñero

Coordenadora do Laboratório de História Oral e Imagem (LABHOI)
Ana Maria Mauad

Coordenadora do Projeto "Personagens e imagens de uma cidade"
Angela de Castro Gomes

Pesquisadores
Juliana Carneiro, Maurício Vasquez e Carla Gomes

Editor de Texto
Marcos Aarão Reis

Personagens e imagens de uma cidade

ANGELA DE CASTRO GOMES (Coord.)

FAPERJ MAUAD

Direitos desta edição reservados à
MAUAD Editora Ltda.
Av. Treze de Maio, 13, Grupo 507 a 509 - Centro
CEP 20031-000 — Rio de Janeiro — RJ
Tel.: (21) 2533.7422 — Fax: (21) 2220.4451
E-mail: mauad@mauad.com.br

em co-edição com
FAPERJ – Fundação Carlos Chagas Filho de Amparo à Pesquisa do Estado do Rio de Janeiro
Av. Erasmo Braga, 118, 6º andar – Centro
CEP: 20020-000 – Rio de Janeiro – RJ
Tel.: (21) 2533.0161 – Fax: (21) 2533.4453
www.faperj.br

Programação Visual:
Cláudia Espindola

Foto da Capa:
Almiro Baraúna

CATALOGAÇÃO NA FONTE
DEPARTAMENTO NACIONAL DO LIVRO

N728

Personagens e imagens de uma cidade / Angela de Castro Gomes (coord.). – Rio de Janeiro: Mauad : FAPERJ, 2001.
140p. ; 26cm x 21cm.

ISBN 98-7478-045-6 (broch.)

1. Entrevistas - Niterói (RJ). I. Gomes, Angela de Castro. II. Fundação de Amparo à Pesquisa do Estado do Rio de Janeiro. III. Título

CDD: 981.53

À memória de Almiro Baraúna

Apresentação

Quando o prefeito Jorge Roberto Silveira me convidou para assumir a Secretaria de Cultura de Niterói, em janeiro de 1997, fui tomado por um turbilhão de projetos e desejos. Porém, maior que os sonhos era a certeza do compromisso com um norte político: priorizar nossa cultura, trabalhar pela preservação de nosso patrimônio, contribuir para o conhecimento de nossa formação e manter viva a memória daqueles que constroem nossa cidade.

Foi dentro desta perspectiva que a Secretaria de Cultura aproximou suas relações com Portugal, África, Itália e América Latina, que representavam a opção pelo resgate de nossas origens. Realizamos os grandes encontros e deixamos nossa marca em projetos como Clássicos do Samba, Curso de Introdução à Cultura Brasileira, Música na Praça, Niterói 427 anos, Escola no Caminho da Cultura, restauração de Portugal Pequeno, entre muitos outros. Cada ação possível teve como objetivo a construção de um cidadão pleno.

Ao trabalhar a memória de Niterói nossa vontade era, e continua sendo, fugir do trabalho tradicional já efetivado pelos historiadores e pesquisadores da cidade. Falávamos em desvendar a "alma da cidade" e encontrar aqueles personagens que, muitas vezes, quase anonimamente, constroem a verdadeira riqueza de um povo.

Foi com esta ambição contida que nos encontramos com a professora Angela de Castro Gomes e com os profissionais do LABHOI, do Departamento de História da UFF.

Sem a professora Angela e sua equipe este livro seria muito mais difícil e certamente não teria o mesmo brilho. Brilho que encontramos em cada um de nossos entrevistados. Não devo falar dos entrevistados, o livro o faz muito melhor, porém Carlos Ruas, Dionysio Moraes, Mestre Afonso, Paluca e Baraúna são aquelas pessoas especiais, que fazem e fizeram por esta cidade muito mais do que a história oficial é capaz de reconhecer.

Duas palavras de saudade, uma para Baraúna, o fotógrafo de Niterói, outra para o professor Marcos Waldemar, que seria um dos nossos entrevistados e faleceu antes de darmos início a este trabalho.

Para finalizar, agradecemos à FAPERJ pelo apoio, e deixamos o nosso compromisso de continuidade. A diversidade cultural de nossa cidade é o nosso maior patrimônio; certamente outros livros virão, personagens não faltam, estão nas esquinas, nas ruas, nas oficinas, nos bares, às vezes ao nosso lado...

MARCOS GOMES
Secretário de Cultura de Niterói
dezembro, 2000

Introdução

Como todos os livros, este também tem sua história. Ela nasceu de duas vontades que se encontraram. A de uma professora universitária que queria realizar um trabalho que se dirigisse a um amplo e diversificado público de leitores da cidade onde estava sua universidade. E a de um secretário de Cultura que desejava empreender um esforço para o resgate da memória e da história de sua cidade. Como diz o poeta, a vida é a arte do encontro, embora haja tantos desencontros pela vida...

Do ponto de vista da professora, o começo de tudo foi o projeto *História, memória e historiografia*, desenvolvido pelo Laboratório de História Oral e Imagem (LABHOI), ligado ao Departamento de História da Universidade Federal Fluminense (UFF), que tem como uma de suas linhas de pesquisa o tema *Memória e cidade*. Uma das principais finalidades dessa linha de pesquisa é trabalhar para o resgate e a guarda da memória da cidade e do município de Niterói, utilizando predominantemente, mas não exclusivamente, uma metodologia que consiste na produção de fontes audiovisuais, através da geração de um conjunto de entrevistas de histórias de vida. Foi com esse sentido que se organizou o que chamamos *Projeto Niterói*, que procura reunir, de um lado, professores e estudantes universitários e, de outro, a população da cidade. O sentido pedagógico do projeto é o de socializar os estudantes com uma metodologia de trabalho de campo de cunho interdisciplinar, colocando-os em contato com a comunidade que abriga a universidade, que pode assim conhecê-la melhor e com ela colaborar ativamente. Isso é feito, basicamente, através do processo de produção de depoimentos orais e visuais que são, ao mesmo tempo, fonte e produto de uma pesquisa específica e material de acervo para outras investigações, que venham a se fazer no futuro.

Explicando melhor, o LABHOI, através do *Projeto Niterói*, deseja contribuir para a montagem de um arquivo de fontes audiovisuais sobre a história dessa cidade, elegendo alguns temas, abordagens, grupos sociais e mesmo experiências individuais, que permitam a recuperação de sua trajetória urbana pela ótica de seus moradores. Essa é uma tarefa que só pode ser pensada a longo prazo, mas que deve ser implementada lentamente, por partes, de dimensões e durações variadas. Dessa forma, há alguns anos, o LABHOI vem se dedicando a investigar temas como os da imigração, do trabalho, da política, do lazer e da cultura na cidade. Por meio deles, a estrutura de grupos familiares, os aspectos urbanísticos, as disputas políticas, as organizações de trabalho e as associações culturais e sociais têm sido destacados de maneira muito especial. Já foram tratadas, por exemplo, com essa sistemática, a experiência dos trabalhadores metalúrgicos dos estaleiros da cidade e a história de famílias de imigrantes, como os portugueses e os italianos.

A vantagem evidente de se poderem investigar questões caras à história econômica, política e social com tal estratégia é dupla. Em primeiro lugar, porque se recorta nitidamente um espaço – geográfico e social – que funciona como referencial para um estudo de caso, exercitando-se o que os historiadores chamam de micro-história. No caso, é um espaço próximo daqueles que fazem e daqueles que são o objeto da pesquisa, mas que, justamente por isso, pode trazer surpresas e um diálogo bem interessantes. Em segundo lugar, porque como se trabalha preferencialmente com relatos orais e com fontes escritas e visuais geradas pela população da cidade, o produto final tem um sabor muito coloquial, distante de uma linguagem mais conceitual e acadêmica que, muitas vezes, afasta o grande público leitor.

Com essa estratégia, o projeto privilegia de forma clara o espaço urbano, contemplando a dimensão cotidiana da vida de seus habitantes, para discutir um conjunto de questões que não é nem restrito a uma cidade específica, nem referido a um preciso momento do tempo histórico. Quer dizer, todas as temáticas selecionadas, partindo da dimensão do local e do tempo presente, referem-se a questões regionais, nacionais e mesmo internacionais, que são sempre deslocadas para o passado. Isto é, todas essas temáticas são objeto do "trabalho de memória" dos entrevistados, trabalho que se faz sempre no "aqui e agora", revivendo muitos outros tempos e construindo uma narrativa plena de novos sentidos. São esses depoimentos, obtidos pelo uso da metodologia da História Oral, que, como já se mencionou, geram um primeiro e importante resultado: o acervo de fontes orais do LABHOI. De acordo com as normas que regem a maioria de programas como este, ele está aberto à consulta da comunidade da universidade e à população da cidade. O segundo resultado é formado pelos produtos que as entrevistas gravadas podem proporcionar e que se constituem tanto em sua própria publicação, quanto na elaboração de textos que analisem seus conteúdos. Alguns exemplos do que já foi alcançado por esse empreendimento foram os livros por mim organizados, *Histórias de família: entre a Itália e o Brasil (depoimentos),* Niterói, Muiraquitã, 1999 e *Histórias de imigrantes e de imigração no Rio de Janeiro,* Rio de Janeiro, 7 Letras, 2000.

Este livro é, portanto, a materialização de mais uma etapa do sistemático investimento que vem sendo feito pelo LABHOI, da UFF. Mas tal etapa se distingüe das anteriores por ter contado, como mencionado, com a parceria da Secretaria de Cultura de Niterói, através do apoio da equipe do secretário Marcos Gomes. Tal parceria foi decisiva para a concepção e definição dos rumos da pesquisa, que acabou por tomar o nome de *Personagens e imagens de uma cidade.* Ela procurou eleger um elenco de entrevistados que é referência para a história de Niterói, tanto por sua trajetória de vida individual, quanto pelo que essa trajetória reúne em informações e vivências sobre "lugares" da cidade, entendidos quer como espaços geográficos, quer como espaços de sociabilidade e afetividade. Assim, bairros, ruas, praias, festas, clubes,

escolas, museus e muitas outras instituições e atividades econômicas e sociais estariam sendo acompanhadas através do tempo, pelo relato pessoal de um narrador privilegiado.
Numa etapa, que desejamos seja apenas a primeira, foram escolhidos cinco depoentes que nos permitiram uma aproximação rica e atraente do mundo sociocultural da cidade. Todos eles são *personagens* de Niterói, conhecidos por grande parte de seus habitantes em função de suas presenças e contribuições. Não são, contudo, homens que tiveram o seu reconhecimento ligado à ocupação de cargos públicos oficiais, naturalmente sempre mais visíveis. Eles são, nesse sentido preciso, o que nos acostumamos a chamar de pessoas comuns, e o que os seus depoimentos nos revelam é a extrema riqueza presente no cotidiano da vida de uma cidade. Ao nos possibilitarem traçar suas histórias de vida, eles desenharam *imagens* sobre a cidade de Niterói, levando-nos a percorrer muitos tempos, espaços e sentimentos. Nossos entrevistados foram: um fotógrafo, ou melhor, "o" fotógrafo da cidade, Almiro Baraúna; um artista plástico e carnavalesco exemplar, Dionysio de Moraes; um maestro de uma banda de música escolar, Afonso Marques dos Reis; um atleta e campeão de natação, Hélio de Oliveira Silva, o Paluca; e um jornalista e colunista social, Carlos Ruas.
Sem eles, sem a sua atenção e generosidade ao nos cederem seu tempo e conosco compartilharem suas emoções, esse trabalho seria impossível. Por essa razão, para eles vão os meus primeiros e mais sinceros agradecimentos. Muitas horas de gravação foram feitas para que reuníssemos um material que pudesse ser transcrito, conferido e editado, até chegar ao texto que se vai ler neste livro. Para tanto, contei com auxílios valiosos cuja importância é necessário destacar. Em primeiro lugar, com o da professora Ana Maria Mauad, então coordenadora do LABHOI, que fez a entrevista com Almiro Baraúna, e de Juliana da Silva Pinto Carneiro, da Secretaria de Cultura, que, entre muitas outras tarefas, acompanhou-me nas entrevistas de Carlos Ruas e Hélio de Oliveira Silva. Em segundo lugar, com o de meus auxiliares de pesquisa Carla Guedes

Martins e Maurício Vasques, que se responsabilizaram pelas transcrições das fitas, pelo levantamento da iconografia e pela elaboração das notas das entrevistas. No que se refere à iconografia, um agradecimento especial é dirigido ao Colégio Salesianos Santa Rosa e a Carlos Ruas, que gentilmente nos abriram seus acervos e autorizaram a publicação de suas imagens. Por fim, vale registrar a presença de Marcos Aarão Reis, que editou o texto dessas entrevistas de maneira competente e sensível, tornando-se um cúmplice de nossa aventura. Sem todos eles, eu não poderia ter alcançado o resultado aqui apresentado.

Mas este livro não teria tal perfil sem as presenças do secretário de Cultura de Niterói, Marcos Gomes, e sua subsecretária, Maria Dulce Reis Galindo. As inúmeras e proveitosas reuniões de trabalho que tivemos foram responsáveis pela escolha final dos nomes a serem entrevistados e por diversas outras decisões tomadas ao longo da pesquisa. Portanto, aqui ficam o meu reconhecimento e respeito. Finalmente, é necessário lembrar o apoio de duas instituições financiadoras. O CNPq, que me proporcionou uma bolsa de produtividade à pesquisa durante o desenvolvimento desse trabalho, e a FAPERJ, que, através de seu programa de auxílio editorial, atendeu à solicitação do LABHOI, permitindo a confecção deste livro dentro dos padrões almejados. Com todas essas contribuições foi possível o encerramento feliz de um projeto que envolveu muitos meses de alegrias e também de uma grande tristeza. Isso porque, durante sua realização, sofremos a perda de um de nossos entrevistados: Almiro Baraúna. Ele nos deixou, mas nos deixou sua voz, suas palavras e suas fotografias. Tudo que nos remete às imagens e personagens de uma cidade que ele tanto amou. Por essa razão, este livro é dedicado à sua memória.

ANGELA DE CASTRO GOMES
Niterói, janeiro de 2001

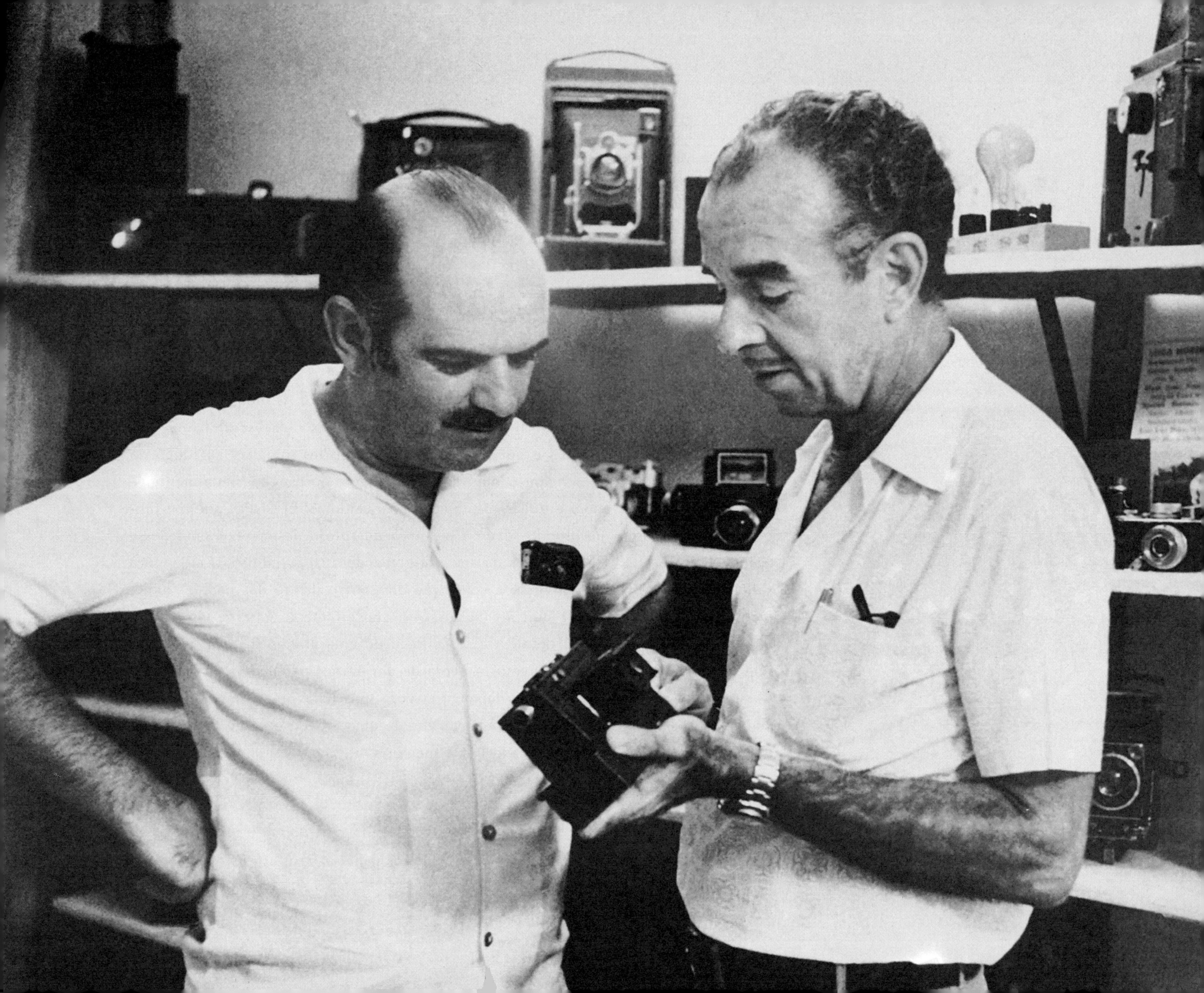

ALMIRO BARAÚNA
MOSTRA UMA DAS MÁQUINAS
FOTOGRÁFICAS DE SUA COLEÇÃO
A CARLOS RUAS, ANOS 1970.
COLEÇÃO CARLOS RUAS.

SOB A LENTE DO AMOR

ENTREVISTA COM ALMIRO BARAÚNA*

QUEM SAI AOS SEUS NÃO DEGENERA...

NASCI ALMIRO BORGES SOBRAL DE CARVALHO E BARAÚNA, nome sugerido pelo meu avô paterno. Mas ao chegar a Niterói, porque não gosto de filigranas, tirei uma nova certidão de idade[1]. Passei a me chamar Almiro Baraúna, e só. Sou da Cidade da Bahia – a assim chamada Salvador – onde vim ao mundo no dia 30 de abril de 1916, filho de João Isaías Baraúna e Julieta Carvalho Baraúna. Ao todo, éramos doze irmãos. A mais velha, Maria de Lourdes, depois eu, Osman, João – que morreu cedo –, Matilde, Noêmia, outro João, Dinorah, Jorge, Isnar, Walter e Édson.

Meu pai, oficial do Exército, serviu em Belém do Pará e no Recife. Depois, veio para o Forte de Imbuí, aqui em Niterói. Ao botar os pés no estado do Rio de Janeiro, porém, minha mãe declarou que não agüentava mais andar atrás dele, e aqui ficamos. Corria o ano de 1934 e eu tinha 18 anos. Ele ainda foi transferido para Mato Grosso e novamente para o Pará, mas nós não fomos. Gostava dessa vida: era um andarilho.

Meus avós, por parte de pai, eram Luiz de Souza Baraúna e Matilde Sobral Baraúna. Viviam ambos envolvidos na política de Ilhéus, cercados de jagunços armados com aquelas 'Winchester' calibre 44, os famosos 'papo-amarelo'. A fazenda deles abrigava uns oitenta homens. Cheguei a ver as espingardas, depois que o velho Luiz morreu. Teodoro das Baraúnas, personagem de *São Jorge dos Ilhéus* de Jorge Amado, foi meu tio-avô. Terríveis brigões. O livro conta alguns episódios pavorosos sobre os irmãos Baraúna. Meu pai, embora menos violento, andava com uma 'Lugger' cromada na cintura. Eu, que sou de outra geração, carrego uma pequena 'Beretta'. Já os pais de minha mãe eram de Salvador e de paz: Ludegero Braúlio de Carvalho e Esther Borges de Carvalho.

A família era religiosa?

Não, muito pelo contrário. Meu pai não demonstrava o mínimo interesse e nunca ouvi meus avós dizerem que iam à igreja, nem ouvi conversas entre eles sobre santos ou algo parecido. O que minha avó paterna gostava de contar para os netos eram anedotas pornográficas, quase sempre envolvendo a figura de um padre. Tinha uma coleção de piadas fabulosas. Quando garoto, só me lembro de uma tia, essa sim, muito religiosa, que me levava à igreja, para que lhe fizesse companhia. Eu até gostava de juntar santinhos: era a minha coleção. Quando completei dez ou doze anos é que comecei a raciocinar e deixei de lado todas as crenças.

Em Niterói, os Baraúna foram morar onde?

Na antiga Rua Prefeito Ferraz, mais tarde Rua Barros, e atual Rua Ministro Otávio Kelly. Fomos residir num daqueles dois sobrados, ainda hoje de pé, entre a Cinco de Julho e a Domingues de Sá. Estão tal e qual; só reformaram a fachada. Nossos vizinhos, com os quais logo fizemos amizade, eram de origem alemã.

Icaraí, naquela época de meados dos anos 1930, da Domingues de Sá em diante, não passava de um areal sem fim. Uma sucessão de dunas como as que havia em Cabo Frio. Além da Cinco de Julho e da Avenida Sete era só mato. Icaraí tinha apenas três ruas grandes de paralelepípedos: a Gavião Peixoto, a Moreira César e a Avenida Sete. As transversais na direção da praia só tinham calçamento até a Moreira César. Tudo o mais era barro, chão. O único transporte coletivo era o bonde, movido a eletricidade e com horários tão rigorosos que se podia acertar o relógio à sua passagem.

A cidade era boa para jovens. O senhor, por exemplo, foi escoteiro do mar...

No Grupo Gaviões do Mar, do Almirante Sodré.[2] Acampei muito com ele. Eu adorava praticar esportes! Comecei a remar aos 12 anos. Logo que chegamos a Niterói, meu pai me perguntou se eu não queria comprar um barco. De fato, fui a Max Janke, um pequeno estaleiro situado no único prédio que havia em São Francisco, tudo o mais era areal. O bonde chegava a passar por cima da areia. Espiei o catálogo e escolhi um que custava 900 mil réis. Bem, meu pai disse que não dava e sugeriu que eu entrasse para o Clube de Regatas Icaraí, onde havia muitos barcos. Voltei então a remar com um amigo, o Virgílio, e com o primo dele. Às vezes, íamos até Paquetá. Esperávamos a cheia da maré, dávamos uma gorjeta ao barqueiro e ele botava o barco no mar às 5 horas da manhã. Saíamos cedo. Dois remando e um dirigindo, atrás, até 9 horas. Aí encostávamos na ilha de Jurubaíba, descansávamos um bocadinho e prosseguíamos até Paquetá. Passávamos o dia lá, nos divertindo. À tarde, voltávamos.

E os estudos?

Filho de militar, meus estudos, na infância, foram constantemente interrompidos. Eu até que costumava ir bem, mas devido às transferências do meu pai era obrigado a abandonar os cursos no meio, e ao fazer a matrícula em outra cidade, perdia o ano. Acabei me desinteressando e não completei curso nenhum. Quando cheguei a Niterói, já na virada do primeiro para o segundo semestre, fui me matricular no Colégio Salesianos, mas o reitor recomendou que deixasse para o ano seguinte. Só que pouco tempo depois, em novembro de 1937, o Getúlio deu o golpe, e meu pai, um dos chefes do Integralismo, foi preso e reformado. Entramos numa decadência tremenda. Eu e meu irmão tivemos que parar de estudar e trabalhar.[3]

Como foi esse episódio da prisão do senhor João Isaías...

Nós já estávamos fixados em Niterói quando meu pai foi enviado ao Pará, onde se envolveu com o pessoal do Plínio Salgado. Tornou-se então um chefe regional do movimento integralista. Na parada de Sete de Setembro deixou a tropa de lado e preferiu desfilar com os camisas-verdes. Depois, no Estado Novo, foi preso, ficou seis meses detido e acabou reformado. De volta a Niterói, tentou diversos empregos, como contador, mas era sistematicamente despedido: o governo enviava uma cartinha, avisando ao patrão sobre o seu passado. Buscou ajuda dos irmãos, também militares, que viviam no Mato Grosso, e fundou com eles um ginásio. Com a redemocratização, em 1946, foi reintegrado no posto, mas não quis se reincorporar.

De que forma o senhor ingressou no mercado de trabalho?

Fui mecânico de bicicleta e montei muita antena de televisão, até que chegou a hora do serviço militar: naquele tempo era aos 20 anos. Incorporado à guarnição do Forte Barão do Rio Branco, sentei praça para ficar nove meses e acabei servindo por quatro anos. Um dos melhores períodos da minha vida! Aconteceu que no fim de 1939, tendo estourado a guerra na Europa, o ministro da Guerra, general Eurico Gaspar Dutra,

CASINO

cancelou a baixa do pessoal, obrigando a todos a tirar mais um ano. Quando esse tempo terminou fui trabalhar n'A Exposição, uma loja de roupas na Avenida Rio Branco, esquina com a Rua São José. Aí recebi uma cartinha do Exército, essa muito amável, me convocando de novo. Nessa época, meu irmão Osman também foi chamado. Voltei, como sargento, para a Fortaleza de Santa Cruz. Conhecendo bastante eletricidade, reformei todas as instalações de lá. Só saí, porque não quis ser militar. Com mais seis meses, eu poderia ser promovido a 2º tenente.

Fui então trabalhar para um oficial, dono de uma firma que vendia equipamentos de construção, como betoneiras, bombas hidráulicas etc. O término da guerra e os saldos que o Brasil acumulara em divisas estrangeiras permitiram um incremento das importações. A construção civil ganhou impulso e as vendas explodiram. Ganhei um dinheirão, mas não comprei nada. Ainda morava com meus pais e comecei a gastar. Depois de três anos de miséria, imagina!...

ANTIGO PRÉDIO DO CASSINO ICARAÍ,
DEMOLIDO QUANDO DA CONSTRUÇÃO DO NOVO,
A ATUAL REITORIA DA UNIVERSIDADE FEDERAL FLUMINENSE.
DÉCADA DE 1940. ARQUIVO FAN.

ANOS DOURADOS

Nas décadas de 1940 e 1950, Niterói era uma cidade ótima, pelo menos é o que todos afirmam...

Adoro essa cidade! Ela é uma maravilha! A Região Oceânica, a Ponta da Areia... são indescritíveis. O que estragou Niterói foi a fusão, foi a ponte. Hoje em dia, quem mora para os lados da Região Oceânica, nos fins de semana, fica inteiramente isolado pelo trânsito caótico. Antes, a gente andava de bicicleta. Havia quatro clubes de ciclismo e uma pista em torno do Campo de São Bento. Eu pegava a bicicleta e saía para Itacoatiara, e ia para tudo quanto é lugar de bicicleta. Fui corredor, ganhei doze medalhas, inclusive a de Campeão Fluminense, em 1935. Algumas competições marcaram época. A Volta do Distrito Federal, por exemplo. Os participantes saíam da Praça Paris, às 8 horas da manhã, e o primeiro só voltava às 16 da tarde. Anos depois, quando esse sonho acabou, comprei uma lambreta e colei as medalhas – ouro, prata, bronze – na frente, logo abaixo da barra de direção. Ficou uma beleza! Mais tarde, adquiri outra lambreta, só para correr; era cor de cenoura e bege e depois eu pintei de azul e branco.

Na década de 1940, ainda existia o antigo Cassino Icaraí, que abria às três da tarde e fechava às três da manhã. Era o maior divertimento do mundo! O prédio tinha quatro torres, jardins suspensos... Acabou sendo demolido. No prédio novo – atual Cineclube da UFF – além do *show*, havia cinema e pista de dança. Tudo grátis, desde que o sujeito estivesse bem trajado. Na sala de jogos, não: o ingresso – uma ficha – custava 10 cruzeiros. Vinha gente do Rio, direto do Casino da Urca, arriscar a sorte aqui em Niterói. Os artistas vinham de toda a parte: Rei Ventura, Xavier Cougar, Elvira Rios, Dilso Martins, Pedro Vargas, José Morjica.

O senhor gostava de dançar?

Eu era um pé-de-valsa desgraçado. Dançava na matinê do Clube Central – um ambiente sofisticado – até as 8 horas da noite. Depois, entrava num bar, comia um sanduíche, tomava um refresco, e ia para o Clube Regatas, mais esportivo, onde ficava até as 11 horas. Chegava em casa com as pernas bambas.

Ainda não era casado?

Conheci Adoléia, minha primeira mulher, em 1941. Eu era cabo do Exército. Casei-me com ela em 1948, na igreja do Ingá. Naquele tempo, a Praia de Icaraí não tinha nem sombra do movimento que tem hoje. Depois das 9 horas da noite, o trânsito morria, os carros rareavam e só passava bonde a cada 15 minutos. Então os casais de namorados podiam passear no asfalto até tarde. Moça não andava sozinha, e ela costumava aparecer na companhia das duas irmãs. Num sábado, quando eu estava na lambreta, dando volta na praia, esperando que ela chegasse, ali em frente à Rua Pereira da Silva, ela desceu da calçada e atravessou a rua. Meti o pé no freio, a lambreta rabeou. Ela me xingou, batemos boca, mas logo estávamos conversando numa boa. No dia seguinte, domingo, começamos a namorar.

Depois do casamento, onde vocês foram morar?

Antes de casar eu morava no centro, na Rua São João. Depois, nos mudamos para um apartamento duplex, em cima do Cinema Icaraí. Os proprietários moravam no primeiro andar, e eu e Adoléia ocupávamos o segundo. Ficamos dois anos, até sairmos para o apartamento em frente à Pedra de Itapuca. Ao longo do tempo de casados, vivemos em vários apartamentos, todos alugados, sempre na orla marítima. Nós nos separamos e ela veio a falecer em 1992. Eu me casei de novo; minha esposa hoje é a Suraya.

E a situação de emprego?

Eu vivia trocando de emprego, sempre obtendo mais vantagens, até que do último – uma empresa de material pesado – fui despedido. Sem prática no ramo, passei três meses sem efetuar uma venda sequer. Mas dei sorte. Poucos dias depois, andando pela Rua do Ouvidor, esbarrei num cidadão que vinha saindo de uma loja... Era aquele oficial com quem eu já havia trabalhado. Dono de uma fábrica de manilha e de ações de companhias de cobre, ficara milionário. Perguntou o que eu andava fazendo e respondi: 'Nada'. Então ele me levou para trabalhar na Shell, onde era engenheiro. Estávamos próximos do Natal e ele disse que o procurasse no dia 3 de janeiro. Mas exigiu que lhe desse o meu endereço: 'Se você não aparecer, vou te buscar em casa'. Claro que fui, e já comecei a trabalhar no dia 16 de janeiro de 1950, como auxiliar de serviço técnico. Ganhava bem, inclusive gratificações de viagem, e isso me permitiu ascender socialmente.

Viajava muito?

Muito, mesmo. Percorri todo o Estado do Rio, montando caldeiras de óleo cru. A lenha estava escassa e era preciso ir buscá-la cada vez mais longe. Já o óleo custava pouco e podia ser entregue na porta do freguês. Em dezembro daquele ano, quando foi pago o salário de festas, o contentamento foi geral. Eu nem sabia da história – ainda não existia 13º salário – e pensei que não ia receber, pois não tinha completado um ano no emprego. No entanto, a empresa pagou sem nenhum desconto. Assim, no fim do ano de 1950, eu tinha acumulado oito mil cruzeiros.

Em 1950, oito mil cruzeiros era um dinheirão!

Um dinheirão! Comprei uma máquina alemã de fotografia e montei um laboratório completo. Papel, filme, produtos químicos, e ainda sobrou um bocado. Sempre gostei de fotografia. Na década de 1930, em Salvador, eu costumava usar a Kodak F3, pertencente a meu pai: um caminhão! Na Shell, entre uma viagem e outra, folgava-se bastante. Havia tempo para conversar e fazer outros serviços. Conheci então um engenheiro português, que entendia de fotografia e foi me ensinando. Chamava-se Joaquim Rasgado e morava na Rua Cinco de Julho, aqui em Niterói. Outro que me ajudou muito foi o Zailo, um amigo que já trabalhava com fotografia. Nos fins de semana, passeávamos de bicicleta em Piratininga, Itacoatiara, Itaipu, praias inteiramente desertas naquela época...

UMA DAS 336 MÁQUINAS DE BARAÚNA. ELA FOI FEITA COM PANELA DE PRESSÃO. 1952. REVISTA *FOTOGRAFIA*, ANO I, N. 3, 1996.

Mas conta melhor essa história do início de seu envolvimento com a fotografia.

A matriz da Shell situava-se num edifício de oito andares, na Praça XV, demolido quando se construiu a Avenida Perimetral. A empresa editava uma revista e mantinha um fotógrafo no seu quadro de funcionários. Eu trabalhava na filial, situada na rua Rua Evaristo da Veiga, e quando eles precisavam de um serviço fotográfico, pagavam um particular. Ocorria que, semanalmente, havia de três a quatro eventos: gente que chegava da Inglaterra, gente que saía, coquetéis, festas etc. Um dia, quando estava prevista uma solenidade de entrega de diplomas, o trânsito na Cinelândia foi interrompido em virtude de uma confusão qualquer. Pior: ninguém conseguia localizar o fotógrafo. O gerente da filial, que já me vira com a máquina pendurada no pescoço, aproximou-se e me perguntou se eu fotografava. Respondi que sim, embora não tivesse prática. Ele então mandou que eu armasse o *flash* e ficasse a postos.

Às 4 horas da tarde a Rolley-flex estava pronta, com filme enrolado, tudo direitinho. Havia tanta gente no restaurante do 7º andar, que eu não tive outro jeito: subi numa cadeira e bati o filme todo. Doze poses. Vim para casa e revelei logo o filme. Era horário de verão, eu morava no Edifício Vera Cruz, na curva da Praia de Icaraí. O laboratório era no quarto de empregada. Trabalhei na revelação, olhei contra a luz e o resultado me pareceu bom. Lavei no álcool, botei na varanda para secar, meti no ampliador, tirei doze provas 18x24, ajeitei, cortei e, no dia seguinte, fui procurar o gerente.

Ao lhe mostrar as fotografias ele se espantou com a rapidez do serviço, e ficou ainda mais interessado ao saber que eu montara um laboratório em casa. Gostou do trabalho e mandou um contínuo chamar o senhor Caó, chefe do Serviço Social. O sujeito disse que minhas fotos eram 'boazinhas'. O gerente reagiu: 'Uma ova! São excelentes! Muito melhores do que a porcaria produzida pelos fotógrafos que você convoca. Não quero mais ver nenhum deles. Esse rapaz vai trabalhar para nós'. Evidentemente, o Caó, que levava comissão dos fotógrafos, tornou-se meu inimigo. Mas foi o início do meu trabalho como fotógrafo profissional.

Quanto tempo o senhor trabalhou como fotógrafo da Shell?

Cinco anos. Quando não estava viajando, fazia tudo o que aparecia. Havia quem pensasse que eu deixara o serviço técnico, mas na prática acumulei as duas funções. E recebia tão bem como fotógrafo que às vezes dobrava o ordenado de oito mil e oitocentos cruzeiros que recebia. Cheguei a tirar dez mil cruzeiros só em fotografia. Aplicava quase todo o dinheiro extra na compra de novos equipamentos: duas máquinas, inclusive uma Laica, 35 milímetros, igual à do Cartier-Bresson, e um *flash* eletrônico, que acabara de surgir.

E por que decidiu sair da empresa?

Trabalhando com aquele engenheiro que amava a fotografia, na prática, eu chefiava a seção de asfalto, até que o governo proibiu a importação. Isso foi o fim da seção. Todavia, na mesma época, o chefe da Cinemateca se aposentou e fui nomeado para o seu lugar. A Shell possuía um acervo fabuloso e utilizava os filmes – bons filmes – como uma espécie de propaganda, organizando projeções em colégios e praças de subúrbio. Passei a ocupar uma sala enorme! Tinha dois automóveis à disposição, dois motoristas, quatro funcionários e quase nenhum trabalho. Fiscalizava a saída e a entrada dos filmes, e só. Ganhava mais do que antes e ainda mantinha a fotografia.

Foi quando, em 1955, comecei a fotografar para a imprensa. Um dia, justo quando eu estava concluindo um texto – uma reportagem sobre a Frota Carioca[4], para o *Diário do Comércio* – o *mister* Stevenson, inspetor-geral da Shell para a América do Sul, entrou na minha sala. Ele aparecia constantemente, a fim conversar. Viu a folha de papel na máquina de escrever, apanhou-a, e leu o que eu havia escrito. Imediatamente disse que eu não podia fazer aquilo. 'Não posso por quê? – indaguei. O homem ficou vermelho e respondeu. 'Porque a Frota Carioca é cliente da Shell e o senhor a está atacando. Proíbo-o de fazer isso'. Aí quem se enfezou fui eu. 'O senhor está muito enganado. Não sou súdito da sua rainha, não! Estou na minha terra e faço o que quero.' E apontando a porta, concluí: 'Entrou por ali, não foi? Pois pode sair pelo mesmo caminho'. O *mister* foi embora, fuzilando, e não apareceu nunca mais. Um mês depois, entrei em férias. Quando voltei, estava despedido.

PROFISSÃO: FOTÓGRAFO

Ficou desempregado?

E com quarenta e tantos anos não é fácil encontrar emprego. Além disso, as companhias de petróleo são como a máfia. O sujeito briga ao sair de uma e não entra em outra, de jeito nenhum. Tentei na Esso e na Texaco, mas não consegui. Então pensei: 'Não tem problema, não. Vou trabalhar como autônomo'. Metade de tudo o que havia ganho fora investido, por assim dizer, em equipamentos: dois ampliadores, uma Laica nova, uma Rolley-flex, um flash eletrônico. Só que antes de dar início a essa nova fase passei três meses farreando, graças à indenização paga pela Shell: cento e sessenta mil cruzeiros. Uma fortuna... Montados numa moto, eu e o Carlos Pilloto fotografamos Niterói inteiro. Foi assim que eu comecei a montar o meu arquivo.

Quando cansei propus a ele montarmos um estúdio para fotografar crianças. Instalei o equipamento numa sala do Edifício Paraíba, na Praia de Icaraí, esquina com Presidente Backer, e mandei imprimir uns cartões que entregava nas lojas de comércio de brinquedos e roupas infantis. Pedia aos comerciantes que distribuíssem, garantindo que o serviço era gratuito. A pessoa podia escolher uma foto da criança. Aí, eu batia seis fotos, ampliava, fazia umas provinhas e deixava o freguês escolher a que gostasse mais.

Como eram essas fotos? E quem mandava fazer?

Gente de dinheiro. O negócio era bem feitinho, sabe? Dividi o quarto com uma cortina cheia de desenhos de Walt Disney e, no meio da cortina, fiz um buraco. Havia uns bonecos pendurados e um grande divã. A criança se distraía, ficava brincando, sem ver o fotógrafo, sem perceber que estava sendo fotografada. O Pilloto fazia gracinhas, soprava apito; o guri se interessava e eu, atrás da cortina, batia as fotos. Saía a coisa mais natural do mundo. Os pais se encantavam de tal forma que ao longo de quase um ano só houve uma pessoa que não pediu cópias. Em compensação teve gente que mandou fazer dúzias.

O senhor tinha sócios nesses negócios.

Dois, ambos muito mais jovens do que eu: Fernando Bonorino, desenhista, um dos fundadores do *Jornal de Icaraí,* e Carlos Ruas, depois colunista social, mas que naquela ocasião fazia fotos. O único problema é que os moradores do prédio começaram a protestar contra o entra-e-sai ininterrupto. Alugamos, então, uma sala no Edifício Tupinambás, na Avenida Amaral Peixoto, e transferimos o estúdio. Pena que não guardei os negativos das crianças que iam ao estúdio. Conhece a Maria Auxiliadora Saad Silveira, irmã do Jorge Roberto Silveira, diretora do MAC? Fotografei-a com sete anos de idade. Não guardei esses negativos e muitos outros. A única fotografia social que mantive foi uma do governador Roberto Silveira, que acabei dando para o Jorginho. Ele quer escrever um livro sobre a vida do pai: guardou 506 fotografias minhas.

A mudança trouxe benefícios?

Inegavelmente. Em 1958, por sugestão de minha cunhada, procurei um senhor chamado Marcos Waldemar Reis, na Prefeitura, e comecei a fotografar para o Município. O prefeito era o Alberto Fortes[5]. Fizemos amizade, sem que isso significasse qualquer envolvimento político. Deixei a Prefeitura ao término da gestão dele e fiquei uns tempos sem ir lá. Trabalhei também com o Emílio Abunahman[6], ao longo dos seis anos da sua administração: dois anos decorrentes da saída do Picanço, e quatro dele mesmo. Entre os trabalhos que fiz durante todo esse tempo, lembro-me de umas seis fotografias grandes, de 1 metro quadrado, que ornamentam a agência do BANERJ, localizada no prédio da Prefeitura, logo à direita de quem entra.

Nesses anos, também me tornei amigo do secretário de Administração, o doutor Noé Cunha, que na administração do Roberto da Silveira ficou encarregado de montar um Grupo Executivo de Relações Públicas. Mantivemos contato e quando o governo estava para completar um ano, ele me chamou para fotografar todas as obras em andamento: era para uma exposição. Em três meses percorri o estado inteiro numa caminhonete, com motorista e ajudante, seguindo o roteiro que me deram. Ao todo, bati trezentas e quatro fotografias 30x40, mais quatro de um metro quadrado, que se tornariam as meninas-dos-olhos do governador. Uma delas foi a da represa de Rosal, em Bom Jesus de Itabapoama.

Era a cidade natal dele...

Montamos a exposição no hall do Palácio das Secretarias, debaixo dos pilotis, em painéis cercados por divisórias de duratex. Dois funcionários, ligados a grupos carnavalescos e com experiência na feitura de alegorias, forraram as colunas de papel ondulado e pintado de dourado, dando a impressão de pilhas de moedas. Um efeito que ficou muito bonito. Na véspera da inauguração, terminado o trabalho, o doutor Noé pediu que ninguém fosse embora, pois o governador em pessoa viria apreciar o resultado. Era um perfeccionista, preocupado com os mínimos detalhes. Mas realmente, ele gostou do que viu e perguntou pelo autor das fotos. Exausto, eu deitara atrás dos elevadores, para tirar um cochilo, quando os alto-falantes chamaram: "Senhor Baraúna, queira se apresentar." Eu fui e conheci o governador. A fotografia que mais chamou a atenção dele – e até hoje ainda é a minha preferida – fazia parte da mostra da Secretaria de Agricultura. O prédio ficava no Horto Florestal e eu não consegui tirar mais do que seis fotos do local. Foquei então um viveiro de plantas rodeado de sombras, fiz uma ampliação de 50x60 e coloquei no centro do painel. Encantado com a foto, quis guardá-la para si, após o término do evento. Embora não o conhecesse, indagou se eu tinha interesse em trabalhar com ele, mandando que anotassem meu nome para uma futura nomeação. Pensei que tudo não passasse de demagogia, mas não é que acabei sendo nomeado...

Como assim? O senhor largou o estúdio para trabalhar para o governo do estado?

Bem, a exposição permaneceu um mês em Niterói, e depois foi transferida para Petrópolis, onde ficou quinze dias. Recebi meu dinheiro e retornei ao trabalho, no estúdio. Um dia, estava passeando e encontrei o doutor Noé, que me acenou da janela de um *trolley-bus*, dizendo que o procurasse sem demora. Na tarde seguinte, fui vê-lo e ele me mostrou o *Diário Oficial*. Eu fora nomeado tesoureiro, porque os salários dos fotógrafos eram microscópicos. Entretanto, o salário do cargo que me ofereciam não passava de 500 cruzeiros. Ora, o estúdio me garantia algo em torno de 4 mil cruzeiros. Obviamente, recusei. Mas aí fui chamado pelo próprio governador. Seus assessores me dispensaram de assinar ponto. Não se tratava de um emprego fixo, com expediente diário. O necessário era que eu cumprisse determinadas tarefas. Assim, uma vez que eu poderia continuar tocando o estúdio, topei o negócio. Tomei posse e ao longo de um ano e pouco acompanhei o Roberto da Silveira em praticamente todos os seus compromissos. Ele tinha horror dos fotógrafos da Agência Fluminense de Informações[7], e nunca os convocava. Só chamava a mim.

ROBERTO SILVEIRA E SEU FILHO NO HELICÓPTERO QUE SERVIA AO GOVERNADOR. (1959-1960) COLEÇÃO CARLOS RUAS.

Houve algum evento marcante nesse período?

A abertura da Avenida do Contorno. Fotografei as obras, desde o começo: 506 negativos. Dei o acervo de presente para o Jorge Roberto, o filho dele.

E a morte do governador e a sua repercussão? De que modo o senhor vivenciou a tragédia?

Eu costumava telefonar para o Palácio, toda sexta-feira, a fim de apurar a agenda do fim de semana. Naquele dia, um assessor me informou que não havia nada programado. Fui para casa tranqüilo. Era verão forte. Fevereiro de 1961. Eu morava naquele edifício de poucos andares, na esquina do canal com a Moreira César. De manhã cedo, ao sair, disse ao porteiro que ia à praia, e desci pela Comendador Queiroz, em direção à banca de jornais. O jipe da Agência Fluminense chegou logo depois à minha procura, e só não me encontrou porque o porteiro disse que eu deveria ter ido pelo canal. Na minha ausência e sem nenhum outro fotógrafo disponível, o governador levou o Élcio, apenas um ajudante, mas que sabia usar o equipamento. Foram para Petrópolis e o helicóptero caiu. Enquanto isso, na praia, debaixo dos coqueiros, eu estava conversando com uns amigos. De repente, chega o irmão do Loretti, que era fiscal de rendas. Parou o jipe e veio correndo pela areia, espantado ao me ver. Então falou do acidente. Já em casa, expliquei à minha mulher que ia subir a serra, e que ela não me esperasse: não tinha hora para voltar.[8]

E sua situação no serviço público?

O Celso Peçanha, sucessor do Roberto Silveira, acabou com tudo o que vinha sendo feito; demitiu todo mundo, a mim, inclusive. O doutor Noé, entretanto, considerou que aquilo era um desaforo e, alegando que eu fizera prova de títulos para ser nomeado, redigiu um recurso. Eu assinei e ganhei. Em três meses fui readmitido, indo trabalhar com um primo do doutor Noé, na Flumitur. Graças à permissão de exercício fornecida pelo Gabinete Civil do governador voltei a viajar pelo estado, fotografando obras e acontecimentos oficiais. Continuei nessa lida durante o governo do Badger[9], até me aposentar.

Por que quase todas as suas fotografias são de paisagens?

Porque tenho pavor de multidão. Seria incapaz de produzir um trabalho como o do Sebastião Salgado, por exemplo. Meu negócio é paisagem. No aniversário de Cabo Frio ocupei um espaço lateral da Cantareira, que não existe mais[10], com 200 fotografias coloridas, 30x40. Mas fotografei, além de paisagens, obras e desastres. Por exemplo, na reportagem sobre o encalhe do cargueiro 'Camboinhas'[11], para *O Globo*, consumi três

VISTA PANORÂMICA DA PRAIA DE PIRATININGA NOS ANOS 1960.
FOTO ALMIRO BARAÚNA.

meses de trabalho. O responsável pelo jornal, em Niterói, era o Jeferson Ávila, diretor do Museu Parreiras. Nós nos tornamos amigos porque aceitei uma tarefa ingrata: fotografar em cores os detalhes do altar-mor da Igreja de São Lourenço. Foi um material que serviu para orientar o serviço de restauração do departamento de Patrimônio Histórico.

Que trabalhos o senhor realizou para a imprensa?

Trabalhei em duas revistas, *Guanabara* e *Atualidade*, cobrindo concursos de misses e desfiles carnavalescos. No *Diário do Comércio* fiz coisas variadas. N'*O Fluminense* mantive uma coluna interessante, em parceria com o Afonso Henrique de Barros, que o jornal publicava toda quinta-feira. Ele se encarregava da parte de reportagem e eu das entrevistas, em geral com profissionais do ramo, que davam dicas fotográficas. Não ganhava nada, mas também não admitia censura. No dia em que Alberto Torres cortou parte da matéria, pedi demissão. Já no *Correio da Manhã* fiz uma reportagem que deu no que falar. Era sobre um disco voador que apareceu nos céus da Ilha da Trindade. Acerca do assunto foram editados vinte e sete livros! E fiz também fotografia submarina para a *Manchete*.

O senhor mergulhava?

Mergulhei desde 1950 até 1974; pode parecer inacreditável, mas aos 58 anos eu ainda ia atrás de motor de barco afundado, em mar alto, próximo à Ilha Grande. Comecei fazendo caça submarina num clube de Icaraí, cuja sede ficava na Rua Lopes Trovão. Sou um dos quatro remanescentes do quadro social desse antigo clube. Naquele tempo, as águas da Baía da Guanabara eram transparentes. Mergulhávamos na Ilha dos Cardos. Pescávamos cada lagosta! Lagosta e robalo. Havia cardumes de robalos. Certa vez peguei uma tartaruga, na Praia das Flechas, pesando cento e dois quilos! A cabeça do bicho, pendurado, alcançava a minha costela. Enorme! Hoje, parece mentira.

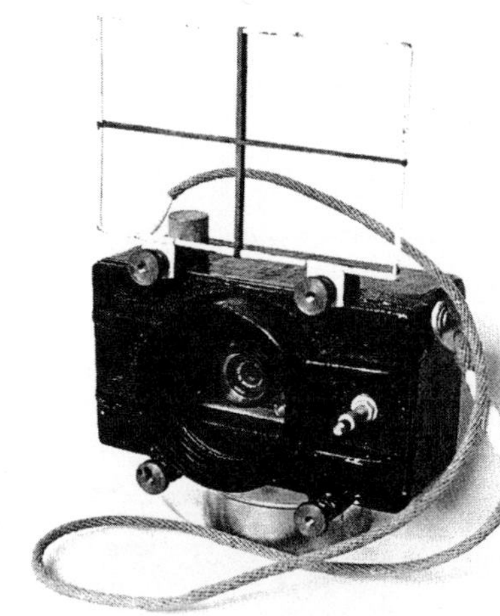

BARASUB, MÁQUINA DE FOTOGRAFIA SUBMARINA CRIADA POR BARAÚNA, 1954. REVISTA *FOTOGRAFIA*, ANO I, N. 3, 1996.

Há fotos dessas pescarias?

Não havia máquina submarina no Brasil, na ocasião. A 'Rolleysub', da Rolleyflex, um trambolho de 5 quilos, custava 40 mil cruzeiros, e a 'Acquaflex', fabricada na França, só se adaptava às máquinas francesas. Cismei, então, de criar uma caixa submarina, que batizei de 'Barasub'. O protótipo, em cedro, funcionou direitinho. Levei a uma fundição, na Ponta da Areia, e o diretor elogiou meu trabalho, mas declarou que produzir menos de doze peças seria antieconômico. Eu então calculei que, se vendesse cada máquina a 10 mil cruzeiros, teria lucro. Achei o negócio viável e aceitei. Montei as duas primeiras, pintei de um amarelo forte e testei o sistema de deslocamento, que permitia o giro da máquina, dentro da caixa, em qualquer direção. Satisfeito, deixei-as na Ótica Lux, situada na Avenida Rio Branco, esquina com São José. No dia seguinte, o gerente me informou que já tinham sido vendidas e pediu mais.

Fiz 48, todas numeradas por dentro: de 001 até 048, rubricação minha. Integrante da equipe do Icaraí que ia participar do Campeonato Brasileiro de Caça Submarina, em Angra dos Reis, resolvi aproveitar a ocasião. Levei uma de minhas máquinas a tiracolo, fotografei os lances principais da competição e vendi dois filmes a 4 mil cruzeiros cada – um para o *Mundo Ilustrado* e outro para *O Cruzeiro*. Consegui vender as 48 máquinas e muitas fotos! Mas aí os japoneses lançaram a 'Nikonos', muito mais sofisticada, é claro. Acabaram com o meu negócio.

Mas a 'Barasub' não foi a única máquina que o senhor construiu...

Construí também uma grande angular. As que existiam, na minha opinião, não tinham ângulo suficiente – 90º, mais ou menos. Ciente de que um amigo, o Lima, dono de uma loja fotográfica na Avenida Rio Branco, pretendia ir à Alemanha, fiz uma encomenda. Ele ia visitar a 'Fotokina', uma feira que se realizava a cada dois anos, na cidade de Colônia. Pedi então que ele me trouxesse uma objetiva de 47mm. Juntei essa lente com peças de outras máquinas, adaptei um chassi de rolo, da Speedgraff, e saí para o Campo de São Bento. Botei um filme, bati uma série de fotos e voltei para casa, correndo. Revelei, deixei secar, ampliei e só então me dei conta da tragédia: toda a periferia estava fora de foco. Pouca coisa, mas bem visível na ampliação. Voltei ao local, enfiei a cabeça debaixo daquele pano preto, a lupa agarrada no olho, olhei em volta e vi tudo no foco. Como é que não saía direito? Só podia ser a trepidação. Repeti a mesma série de fotos com a máquina em cima de um tripé possante e revelei: perfeito! Era a vibração da mão, produzindo efeito idêntico ao que se experimenta através de um binóculo, que ao mínimo tremor sai do foco. Fiz fotografias sensacionais com essa máquina, que tem um ângulo de 140º: em Icaraí, do Canto do Rio até o Cassino; do lago do Campo de São Bento de uma margem à outra; das Barcas, em panorâmica.

Alguma vez se tentou fabricar máquinas fotográficas no Brasil?

Sim. Entre 1950 e 1960, a D. F. Vasconcelos, em São Paulo,

fabricava uma das melhores 'box' que havia no mundo! Tinha abertura de foco, velocidade, distância – eram chamadas 'Caps-a-Box'. Mas a empresa que popularizou a fotografia foi a Kodak, com as máquinas caixote. Depois, quando os japoneses entraram no mercado, os preços despencaram. Ninguém pode mais com eles...

Antigamente, a fotografia era um *hobby* de milionários. As máquinas custavam caro demais! Uma Rolleyflex não saía por menos de 9 mil cruzeiros. Isso era um bom ordenado, com o qual o sujeito sustentava mulher e filho. A minha primeira Laica, modelo F3, pequenina, foi comprada graças a um empréstimo. Mais: em Niterói não se encontravam filme, papel, produtos químicos – só no Rio de Janeiro. O primeiro a se aventurar no ramo foi o Mário Alves, repórter fotográfico, que abriu uma loja sem maiores pretensões, num pardieiro perto da Prefeitura. Inicialmente, ele montou um estúdio, depois a loja. O negócio prosperou e hoje ele está na Rua Moacir Padilha. Mas ainda é o único que vende material fotográfico em Niterói.

Que outros fotógrafos se iniciaram na profissão na sua época?
De Niterói, eu citaria o Mário Alves, que fotografava o Centro, principalmente, e vendia o seu trabalho para os jornais. Era considerado um repórter. Tive muito contato com o falecido José Medeiros, um amigo do peito, mesmo. Conheci também o Flávio Dan e o João Martins. E o meu sócio, o Carlos Ruas, que depois preferiu tornar-se colunista social. Havia ainda o Indalécio Wanderley, que fotografa até hoje; o Décio Brian, de Friburgo...

Algum deles tem produção maior que a sua?
Realmente creio que não. Há cerca de dois anos, contei os negativos – só os de Niterói – e cheguei a um total de 1.680. Mas fotografei, também, o Estado do Rio todo. Tenho uma foto da Praia do Forte, em Cabo Frio, ainda sem prédios, vazia. Uma da barca, na hora do movimento – horrível – gente espremida como sardinha em lata. Ao Parque da Cidade só fui uma vez, depois de iniciadas as obras do Hotel Panorama, na década de 1970, fazer uma reportagem. O objetivo era acompanhar as diversas etapas da construção, que ficou no esqueleto. Mas guardei uma bela coleção do local. Foi num dia excepcional e as fotografias ficaram muito nítidas. Tenho ainda três álbuns de vistas do Museu de Arte Contemporânea, projetado pelo Oscar Niemeyer. Aquele é um lugar – o alto do mirante da Boa Viagem – onde o sujeito coloca a máquina no automático e, com certeza, pega uma fotografia boa.

Niterói e Icaraí mudaram muito. Tiraram aquele trampolim que ficava na altura da Rua Lopes Trovão...
Eu vi construírem aquele trampolim. A idéia foi da Lou Pacheco, colunista social, que organizou um abaixo-assinado, uma

ANTIGO PRÉDIO DA ESTAÇÃO DAS BARCAS DE NITERÓI.
CENTRO, 1958. FOTO ALMIRO BARAÚNA.

BISCOITOS
RON MERINO
CINZANO
GASBRAS
Frota Carioca S.A.
FROTA BARRETO S.A.

lista de doações, e angariou 150 mil cruzeiros. O projeto era do Luiz Forsatti, o mesmo que fez o Cassino. O trampolim foi demolido – dinamitado – em 1965, devido a um erro de engenharia. Se tivessem cravado quatro estacas de concreto, com um caixão no meio, e chumbassem, estaria lá até hoje. Mas trouxeram da Ponta da Areia uma caixa de concreto, rebocada; encheram-na de pedra e ela desceu, pousou no fundo do mar. Mergulhadores, vestindo escafandros, colocaram as pedras do lastro. Não deu certo... A ressaca cavou por baixo da caixa e o trampolim tombou. Inclinou-se para um lado, depois para o outro, mas mesmo assim durou um bom tempo. A inauguração foi em 1936, e a demolição, em 1965. Fotografei tudo. Do que ninguém se lembra mais é do trampolim de madeira, defronte à Rua Pereira da Silva. Pulei muito de lá. Quando ergueram o de concreto, só restavam destroços do anterior.

O senhor é o fotógrafo de Niterói!

Eu me considero assim. Sem dúvida. O Carlos Ruas também possui um acervo extraordinário. Só que ele parou de fotografar... Eu não parei, nem vou parar.

Alguém o influenciou?

Sou um sujeito obsessivo. Comecei a comprar livros de tudo quanto era fotógrafo mundial e fui tomando conhecimento dos processos fotográficos. Estudei fotografia a fundo. Em Niterói e em Saquarema acumulei uma verdadeira livraria. Depois, comecei a concorrer. Participei de alguns certames internos, na Shell, mas o primeiro salão de que participei foi na Rússia. Na época, eu integrava o Fotogrupo Niterói – uma turma de cinco rapazes que se reuniam para bater papo na Livraria Barbosa, pertencente ao pai do Luís Carlos Brasil Barbosa. Ela ficava ao lado da Prefeitura, onde hoje é a Diálogo. A família também era dona do Colégio Brasil. Soubemos do concurso, mas eu não imaginei que tivesse chance. Estimulado pelo Luiz Carlos – ele próprio escolheu as fotos que enviei – concorri e ganhei. Nem lembro em que ano foi... Só vendo no catálogo. Hoje, raramente se organiza um concurso internacional. É uma dificuldade tremenda. A remessa de fotografias pelo correio custa uma fortuna. Ninguém mais tem condições... Restam os salões nacionais.

O senhor participava de alguma associação?

Em Niterói, fiz parte da Sociedade Fluminense de Fotografia. Quem me levou para lá foi o doutor César Salamonde, desembargador, secretário de Justiça, meu vizinho, e que fundara a entidade quando era juiz de menores. Ele viu umas fotografias

PRAIA DE ITAIPU
COM O NAVIO *CAMBOINHAS* ENCALHADO,
1958. FOTO ALMIRO BARAÚNA.

minhas e gostou. Tinha um laboratório muito bom em casa, e fez questão de ampliá-las. Morava num casarão, na Rua Lemos Cunha, esquina com a Cinco de Julho. Foram as primeiras aulas de ampliação que tive. Participavam do quadro social o Luís Antônio Pimentel, o Gérson Sá Rêgo, o Jayme Moreira de Luna – um sujeito fabuloso, que morreu recentemente. Nós nos reuníamos num porão, na Rua Sete de Setembro. O Luna era o presidente e brigava com todo mundo... Não dou para isso, não. Saí logo.

Na Associação Brasileira de Arte Fotográfica entrei por intermédio do Maurício Ferez. Freqüentava toda quarta-feira. Era no Rio, à Rua Santa Luzia. O Ferez, sócio da Pan Foto, na Rua Buenos Aires, dava aulas de fotografia e me incentivava muito a participar dos concursos patrocinados pela entidade. Havia mostras semanais, mensais e uma anual. Ganhei vários prêmios. Ainda no grau de principiante – eu acabara de ingressar na Associação – mostrei três fotografias ao Maurício. Ele gostou e disse que as colocasse na parede. Havia três paredes: uma destinada a principiantes, uma de 2º grau, e a terceira reservada aos veteranos. Nos concursos semanais, quem acumulava mais prêmios era considerado o vencedor do mês. E quem ganhava mais prêmios do mês, conquistava o prêmio anual. Botei as minhas fotos bem separadas no espaço dos iniciantes, e fiquei na expectativa. O juiz, sorteado na hora, foi o José Rosa, um dos papas da fotografia e do cinema do Rio de Janeiro, na época. Ele começou pelas fotos dos principiantes, observou-as com calma e declarou que três delas não eram de principiantes. Deviam ser colocadas na parede do 2º grau. Minutos depois, diante da segunda parede, mandou transferir uma das três para a de veteranos. Essas três fotos eram minhas. Imagine a pressão terrível que sentíamos, nos dias de exposição!...

Como era o julgamento?

O juiz recebia uma relação de fotos numeradas e atribuía a cada uma notas de 1 a 10; depois, somava os pontos e declarava o vencedor. Valorizava-se cada aspecto, desde o acabamento, serviço de laboratório, até a composição, item que era eliminatório. Existem algumas regras básicas na fotografia que vêm desde o tempo dos romanos... Aliás, desde a Idade da Pedra Lascada, quando os homens pintavam paisagens nas paredes das cavernas. Alguns desses arranjos pré-históricos são de uma beleza fabulosa! Não se podem quebrar certas regras de composição, nem para a fotografia mais linda do mundo.

Que regras são essas? O que é fundamental na composição de uma fotografia?

Há três anos sou chamado para julgar concursos na Associação Atlética Banco do Brasil, e dou atenção a critérios bastante

PRAIA DE ICARAÍ NA DÉCADA DE 1950. À ESQUERDA O EDIFÍCIO QUE FICA NA ESQUINA DA RUA ÁLVARES DE AZEVEDO. FOTO ALMIRO BARAÚNA.

conhecidos. Antes de tudo, o enquadramento. A fotografia não pode ser dividida em duas: uma palmeira no centro é errado. Normalmente, divide-se o campo fotográfico em quatro: nenhum deles pode estar vazio. Também se levam em conta os chamados pontos de ouro – seis divisões do mesmo campo fotográfico – num dos quais deve localizar-se o objeto principal da fotografia. Há que se considerar o deslocamento do olhar: não se pode visualizar uma pessoa andando da direita para a esquerda, mas ao contrário, da esquerda para a direita. Se estiver descendo uma escada, terá de ser focada no ponto ouro alto, à esquerda. Se estiver subindo, tem que estar do ponto ouro baixo, sempre à esquerda. Tudo no mundo, inclusive a rotação da Terra, tem esse sentido. No que diz respeito à dinâmica, o correto é que o movimento seja da esquerda para a direita e do alto para baixo. O horizonte deve estar no alto ou em baixo; no meio, de maneira nenhuma.

UM COLECIONADOR

Mudando de assunto, como surgiu a idéia de colecionar máquinas fotográficas?

Em 1962, depois de ter saído da Shell, eu adquiri a mania de freqüentar o leilão da Caixa Econômica. Os preços eram vantajosos. A primeira máquina que comprei foi uma 'Nikkon' muito boa e barata; estava quebrada e mandei consertar. Arrematei uma antiga 'Zeiss Ikon' de fole vermelho, 4x5, objetiva limpinha, sem fungo nem nada – como se estivesse saindo da vitrine. Fiz o único lance: 10 mil cruzeiros. Em pouco tempo já possuía meia dúzia de máquinas. Um amigo sugeriu a idéia do museu e indicou antiquários e brechós existentes nos arredores da Praça Tiradentes. Do primeiro que entrei saí com seis máquinas debaixo do braço. Depois que criaram as feiras de antigüidades, na Praça XV e junto ao Restaurante Albamar, todo o sábado eu ficava zanzando, de uma para a outra. Aproveitava as viagens e fuçava os ferros-velhos.

Morando na Rua Comendador Queiróz, num apartamento de três quatros, coloquei as máquinas numa prateleira. O negócio cresceu e eu fui me entrosando. Importei inúmeros livros sobre colecionadores, acompanhava o mercado, atento para não comprar inutilidades. Passei a selecionar melhor as aquisições. Comprei verdadeiras raridades. Cheguei a possuir 336 máquinas! O Museu da Imagem e do Som e o governo do estado não quiseram assumir a responsabilidade pelo acervo, alegando falta de verba. Então, vendi cerca de 2/3 a um industrial, Lou Steinhell, um judeu alemão que mora em Copacabana, e o resto está espalhado por aí. Mantive comigo somente quatro máquinas. São raridades, embora não muito antigas. O dinheiro deu para comprar o apartamento onde moro atualmente.

O senhor ainda sai por aí, fotografando?

Quase todo dia... Não só eu, há muitos outros. Pedro Vasquez, além de fotógrafo de nível internacional, escreve sobre fo-

PASSARELA DE ACESSO AO PRÉDIO DO
MUSEU DE ARTE CONTEMPORÂNEA (MAC) DE NITERÓI.
ALTO DA BOA VIAGEM, ANOS 1990.
FOTO ALMIRO BARAÚNA.

tografia. César Barreto trabalha com ele. Paulinho Muniz, o maior laboratorista que conheço. Fernando Talaski, grande fotógrafo... É dono de uma cadeia de lojas: Asa 1000. Ele fez sucesso com um álbum (desses que você ganha ao revelar o filme) que tinha na capa fotografias de Niterói antiga e moderna. Coisa simples e interessante.

Nunca fiz cartão-postal de minhas fotos, nem comercializei a minha produção. O máximo que consegui, atendendo a pedidos insistentes de Suraya, foi organizar um mini arquivo de negativos. São umas vinte pastas, mais ou menos. Só de Niterói. Os demais estão guardados. São da Alemanha, Portugal, Chile, Argentina, Paraguai, Uruguai. Trabalhei muito na juventude, depois fui esmorecendo, até que me acostumei a não trabalhar. Fiz bem em vender o museu: dava um trabalho horroroso!

Antes de a baía estar poluída, a Praia das Flechas devia ser muito bonita...

Sem dúvida. E não faz muito tempo, não. Quando eu morava no Edifício Vera Cruz, em frente à Pedra de Itapuca, a praia era tão transparente que dava para ver o fundo, lá de cima. Viam-se os peixes, nadando. Hoje não se tem nem cocoroca. Em frente à Pedra do Índio, havia cardumes de robalo. Hoje, nem minhoca. É uma tragédia! A transparência virou monturo! Às vezes, acordo, de manhã cedo, olho para a paisagem e entristeço. A Prefeitura limpa, diariamente, tira toneladas de lixo. Não é de Niterói, não. Vem da Baixada. Passa entre a Ilha dos Cardos e o museu. A corrente marinha traz e joga aqui, na praia.

Sua preferência sempre foi pela parte litorânea da cidade. Nunca teve interesse em fotografar tipos da cidade, seu lado mais antigo, os prédios etc?

Não. Quem tem muita fotografia do Centro da cidade, desde o tempo dos bondes, é o Mário Alves. Conforme já disse, fotografei a Região Oceânica porque gosto de paisagens. Afora as crianças, no estúdio, raramente fotografei pessoas. Mas se fosse para expor uma figura típica de Niterói, ao invés de uma paisagem, escolheria uma foto que fiz de um pescador, morador de Charitas. Quem vai a Itaipu e vê aquele pessoal, puxando rede, costurando rede... é lindo! O pescador é a cara de Niterói.

* Essa entrevista foi realizada por Ana Maria Mauad e Maurício Vasques, nos dias 29 de março e 18 de abril de 2000, na residência de Almiro Baraúna, na Praia das Flechas, em Niterói. A transcrição foi de Maurício Vasques. A conferência de fidelidade e primeira edição do texto estiveram a cargo de Angela de Castro Gomes. A edição final foi de Marcos Aarão Reis.

[1] Em 1939, Baraúna obteve uma nova certidão de nascimento, em Niterói, a fim de evitar problemas com o Exército. Eram os tempos da Segunda Guerra Mundial e ele alterou sua data de nascimento para 1918, portanto, menos dois anos de idade. Na ocasião, também simplificou seu nome.

[2] O Almirante Benjamin Sodré, o Mimi, atacante do Botafogo Futebol e Regatas, foi um dos introdutores do escotismo no Brasil. Comandou, durante muitos anos, o Grupo de Escoteiros Gaviões do Mar, sediado na Ilha da Boa Viagem. Hoje, a direção do grupo está a cargo de sua filha, Maria Pérola Sodré.

[3] O golpe é o que instaura o Estado Novo e dissolve todos os partidos políticos, inclusive a Ação Integralista Brasileira. Mas a perseguição aos integralistas começa em 1938, após uma tentativa de assalto frustada, realizada contra o Palácio Guanabara, onde estava Vargas e sua família.

[4] A Frota Carioca fazia a ligação entre o Rio de Janeiro e Niterói, junto com a Frota Barreto, a Frota Popular e a Cia. Cantareira de Viação Fluminense. Todos esses serviços foram unificados no STBG - Serviço de Transportes da Baía da Guanabara, sob controle do governo estadual.

[5] Alberto Rodrigues Fortes elegeu-se prefeito em outubro de 1954, pela coligação UDN – PSP, e governou a cidade de janeiro de 1955 a dezembro de 1958.

[6] Emílio Jorge Abunahman foi eleito vice-prefeito na chapa de Sílvio de Lemos Picanço. Empossado em janeiro de 1963, o titular renunciou ao mandato após o movimento de 1964. A gestão terminaria em 1967, e a Constituição aprovada naquele mesmo ano previa o preenchimento dos cargos de prefeitos das capitais por nomeação. Abunahman foi confirmado na Prefeitura pelos governadores Teôtonio de Araújo Filho e Jeremias de Matos Fontes. Em janeiro de 1971, passou o cargo a José de Matos Pitombo.

[7] A Agência Fluminense de Informações dispunha de fotógrafos para a cobertura do governo estadual. Localizava-se no prédio ao lado do Palácio do Ingá, na Rua Presidente Pedreira, 98.

[8] O acidente ocorre no dia 20 de fevereiro de 1961 e o governador morre em 28 de fevereiro.

[9] Badger Silveira, governador eleito após o mandato de Celso Peçanha, foi cassado pelo movimento de 1964.

[10] A STBG e a CONERJ, sua sucessora, conservaram durante muito tempo um espaço destinado a exposições no prédio da estação das barcas de Niterói.

[11] Encalhe do navio cargueiro 'Camboinhas', em 1958, na Praia de Itaipu. A partir do incidente, aquele trecho da praia passou a ser chamado de Camboinhas.

DIONYSIO DE MORAES PINTA AO LADO DE SUA MULHER, ARACI, EM 1999.

ENFEITANDO O CARNAVAL

ENTREVISTA COM DIONYSIO DE MORAES*

INFÂNCIA: UMA AVENTURA ARRISCADA

NASCI EM NITERÓI, NO DIA 1º DE ABRIL DE 1910, na antiga Travessa Santa Rosa, atual Mariz e Barros, filho de José Pinheiro de Moraes e de Carlota dos Santos. Meu pai morreu cedo, aos 33 anos de idade. Português, garçom de um restaurante que havia num grande hotel situado na Praia das Flechas, um dia, sentindo-se mal, pediu um copo d'água e caiu morto, vítima de um enfarte fulminante. Eu só tinha 9 anos e fiquei morando com minha mãe e meu irmão mais moço, Edésio Pinheiro de Moraes. Mas eu também tinha uma irmã, Zaira de Castro e Souza, que viera de um primeiro casamento de minha mãe. Aliás, ela chegou a se casar uma terceira vez. Ficou grávida e acabou morrendo do parto de um terceiro irmão meu: Raimundo de Melo. Assim, aos 14 anos, fiquei órfão de pai e mãe. A família se dividiu: cada um foi morar com um parente. Eu fui como que adotado por um casal de tios: Lourenço e Francisca Soares, que era irmã de mamãe. Ele era pedreiro e ela cuidava da casa, lavando, passando e fazendo a comida de todo o mundo. Vivi com eles até me casar.

Eles tinham outros filhos?

Sim: Nair, João e Alcides. Este é mais ou menos da minha idade, e é como um irmão para mim. Pobres, morando numa casinha pequena, nós brincávamos na rua, pulando carniça, soldado e ladrão... Mais tarde, já adolescentes, eu e o 'Binha' – apelido do Alcides – fizemos parte da banda do Salesianos, integrada por alunos e por meninos da comunidade. Saíamos todas as quintas-feiras, na companhia dos padres, para longos passeios que se estendiam até a Praia da Boa Viagem, até Paquetá, mesmo depois do terrível naufrágio em que morreram vários alunos.[1]

Aos 15 anos, eu ajudava o oratório, levando o turíbulo. Fiz minha Primeira Comunhão na antiga capela, menor do que a atual, e que ficava onde hoje é a entrada do colégio. Também ia muito ao monumento da padroeira, Nossa Senhora Auxiliadora. Gostava de subir no plano inclinado – que não existe mais –, e depois descer sentado numa folha de coqueiro, deslizando por cima dos trilhos. Uma brincadeira perigosa, sem dúvida, daquelas que a gente não esquece... Também não perdia a missa aos domingos, porque, em seguida, havia jogo de futebol: quem não rezasse, os padres proibiam de jogar.

Como era o bairro de Santa Rosa naquela época?

Ruas de barro, umas poucas com calçamento, mas com luz nos postes. Além das brincadeiras com meus irmãos adotivos, eu ia todas as manhãs à Praia de Icaraí, levado pelo irmão de minha mãe, meu tio Anacleto Frederico Ornaime. Foi ele que assumiu a criação de Edésio, meu irmão. Nós todos freqüentávamos a casa desse tio. Funcionário da Câmara Federal, chefe da portaria, ele tinha uma condição de vida muito superior a nós. Tinha se casado com uma senhora rica, que tocava piano e morava numa boa casa na Rua Gavião Peixoto. Possuía amigos influentes, entre eles o almirante Ari Parreiras, interventor no Rio de Janeiro pouco antes do Estado Novo.

Os irmãos se encontravam?

Mantivemos contato, sim. Meus irmãos estudaram no Colégio Salesianos e no Plínio Leite. Enquanto minha mãe era viva, freqüentei uma escola que havia no Fonseca, durante três anos. Depois, não tendo concluído o curso primário e já trabalhando, estudei Matemática com uma professora particular, dona Leonor Viana. Comprava os livros que me pareciam bons e lia à noite, fazendo perguntas a mim mesmo, conferindo as respostas pelo texto. Assim aprendi a Gramática, sozinho, com muita força de vontade. Foi quando tio Anacleto notou que eu nadava bem e me inscreveu como sócio no Clube de Regatas Icaraí, onde fiz uma quantidade de amigos, todos estudantes. Costumava estudar na casa deles também.

O senhor começou a trabalhar muito cedo...

Desde os 9 anos eu trabalhava na Gasosa Fluminense, uma fábrica de bebidas, em São Domingos. Meu padrasto – o terceiro marido de minha mãe – arranjou o emprego. Ganhava bem, mas entregava praticamente tudo em casa; guardava, apenas, o dinheiro necessário para pagar a entrada do cinema e um doce. Lavava as garrafas com uma escovinha e as enchia com um funil. Quem fechava era outro camarada, que operava uma máquina. Certa vez, mal ele acabara de colocar a chapinha, senti uma irritação no olho e cocei: o caco de vidro quase me cegou. Fizeram um curativo, cobriram com um pano e eu continuei trabalhando o resto do dia, com o olho tapado.

Saí de lá para o Arsenal de Marinha, mas não completei um mês sequer, porque soube que só após um ano de casa teria direito a remuneração. Saí e fui trabalhar numa papelaria do Rio de Janeiro – a Casa Diogo, na Rua do Carmo – onde também funcionava uma oficina de jornal. Ali aprendi o ofício de encadernador. Encadernávamos cadernos e livros de comércio: livro caixa, borrador. Fazíamos pilhas desses livros. Terminado esse serviço, eu fazia também uma faxina, que me garantia mais 500 réis.

Como era a travessia de barca?

As velhas barcas tinham roda, quer dizer, uma série de pás que lhes imprimiam movimento. Às vezes, eu ia a pé de Santa Rosa ao cais. Tio Anacleto comprava um bloquinho de passes, ida e volta, que eu ia destacando.

A vida se resumia a trabalho, natação, estudo...

Ia ao clube, diariamente, praticar esportes: natação e remo. Fiz parte da equipe de natação e cheguei a participar de algumas competições. Naquele tempo, não existiam piscinas e o sujeito nadava no mar a distância entre dois pranchões colocados na praia. O professor era o Gastão Gouveia, que

DEPARTAMENTO DE SAUDE PUBLICA
DO
ESTADO DO RIO DE JANEIRO
SERVIÇO DE ENDEMIAS N.º 27

Nome: DIONYZIO PINHEIRO DE MORAES
Cathegoria: ESCREVENTE-MICROSCOPISTA
CHEFE DO SERVIÇO
Assig:

DOCUMENTO DE FUNCIONÁRIO DO DEPARTAMENTO DE SAÚDE PÚBLICA, NA CATEGORIA DE ESCREVENTE MICROSCOPISTA.

ainda é vivo. Na época, convidado por amigos que trabalhavam na Caixa Econômica, comecei a jogar futebol de praia. Mais tarde, passei a jogar no campo do Canto do Rio.[2] Só deixei o clube aos 20 anos, para servir o Exército[3].

Havia uniformes?

No futebol, a camisa do Clube Regatas era preta e branca, em listras horizontais, e o nome em vermelho. Para nadar, usavam-se uma sunga e uma carapuça, preta e branca. As competições em Icaraí eram raras; a maior parte dos títulos foi ganha em disputas pela Federação, tanto no remo quanto na natação.

Na sede, mais simples do que hoje e, mesmo assim, muito bonita, havia bailes. Dançava-se muito ao som de bons músicos, boas orquestras. Dependendo da ocasião, exigia-se traje a rigor, passeio completo ou esporte. Todo prosa, levava minhas primas, como se fosse o dono da festa. Não existiam ainda o Praia Clube São Francisco nem o Icaraí Praia Clube. Só o Gragoatá e o Esporte Fluminense – na Rua da Praia, atual Visconde do Rio Branco.

Ao sair da Gasosa para a papelaria o senhor melhorou de vida...

Um pouquinho. Minha mãe morrera e eu já morava com seu Lourenço e tia Francisca. Aos poucos fui progredindo, aprendendo. Trocava de emprego por quaisquer quinhentos réis. Do Rio vim para Niterói, trabalhar como encadernador na Casa Dias Vasconcelos, livraria e papelaria, localizada no centro da cidade, perto de um bingo. Naquela ocasião, o jogo corria solto, o tempo inteiro... Um dia, minha irmã mais velha, Zaira, que trabalhava no Instituto Vital Brasil, me arranjou um lugar lá.[4] Eu fui. Comecei fazendo serviço de servente: encerava o chão, passava óleo, limpava... Mas ia aprendendo o que podia sobre germes, anaeróbicos[5] – quem me ensinava era o senhor Américo Braga. Então fui indo...

O PESO DA RESPONSABILIDADE

Em que ano foi isso, mais ou menos?

Foi antes do serviço militar, pois eu já estava lá quando recebi a convocação do Exército, a que não dei a mínima importância: rasguei e joguei fora. Continuei trabalhando. Pouco depois, o doutor Oberlaender, diretor da Saúde Pública, solicitou ao Instituto Vital Brasil a indicação de um técnico de laboratório. Na época, eu ganhava 180 mil-réis. Mas como técnico na Saúde Pública, o salário era de 350 mil-réis e o expediente, na prática, ia do meio-dia às 17 horas, com folga aos domingos. Mais uma vez, por sugestão de minha irmã e devido a meu aprendizado, fui nomeado e assumi a função.

O Vital Brasil funcionava como um laboratório farmacêutico, produzindo remédios, vacinas, soro antiofídico, produtos para o fígado etc. Havia um serpentário enorme, uma coudelaria e um curral de bois; injetava-se o 'princípio ativo' nos animais, para depois sangrá-los e extrair o soro. Eu pulava dentro do viveiro e apanhava as cobras vivas. Os veterinários não cuidavam disso, não. No setor de ampolas, trabalhavam moças vestidas de branco e usando uma touca. Na hora do almoço, saía aquela procissão para merendar do lado de fora. Eu me abalava até lá, junto delas, levando no bolso cobras não venenosas, para assustá-las. Coisas de rapaz... Quando criaram um serviço de encadernação, vinculado à biblioteca, a encarregada do serviço foi uma jovem que eu conhecera no Icaraí, e a quem ensinei tudo o que sabia.

Ensinava e aprendia, ao mesmo tempo...

É verdade. Enquanto cumpria tarefas variadas, e sentindo o peso da responsabilidade, pensei em estudar medicina. O doutor Américo Braga insistiu para que eu freqüentasse umas aulas

NO INSTITUTO VITAL BRASIL. DE PÉ O DR. VITAL BRASIL E NA MESA A SENHORA ALZIRA VARGAS DO AMARAL PEIXOTO AO LADO DE GURGEL DO AMARAL, QUANDO DE UMA VISITA AO INSTITUTO VITAL BRASIL. ARQUIVO FAN.

práticas, preparatórias do curso da Escola Fluminense de Veterinária, mas eu não tinha preparo. Outros colegas aceitaram o convite e fizeram o curso. Eu não estudei.

O senhor conheceu o doutor Vital Brasil?

Conheci quando ele já era idoso, bastante gordo, mas bonitão. Conheci também a senhora dele. Dancei com as suas filhas, nas festas do Clube de Regatas Icaraí. Os filhos[6] jogavam bola com a gente, na hora do almoço: o doutor Rui, que trabalhava na parte de química, e o doutor Mário Brasil, funcionário administrativo.

Mesmo antes da construção do prédio novo – obra do Álvaro Vital Brasil[7], engenheiro – a instituição ocupava uma área enorme, cercada por um capinzal alto e duas fileiras de árvores, muito bonitas. Parecia mesmo uma fazenda. Sem bonde nem automóvel, o único acesso era através de uma trilha que se percorria a pé. Os funcionários moravam na região ou perto. Anos mais tarde, o terreno foi loteado, transformou-se num bairro.

Isso foi por volta dos inícios dos anos 1930, época do serviço militar...

É isso aí. Trabalhei no Instituto Vital Brasil durante três ou quatro anos, no máximo. Tinha sob minhas ordens um servente, que um dia pediu licença para ir buscar o seu certificado de reservista. Pensei então: vou apanhar o meu também, mas acabei preso por insubordinação. Fui parar no quartel, como soldado raso. Eles então me designaram para a Vila Militar, em Realengo. Servi um ano e um mês, inclusive ajudando um oficial, autor de um livro sobre instrução militar, que me pediu que desenhasse as ilustrações. Eu só respondia à chamada e ia para a casa dele, na própria Vila Militar. Ficava desenhando: 'morro agudo', 'morro acidentado', 'garupa' etc. Esse oficial me descobriu, porque os outros soldados me pediam para enfeitar as cartas que escreviam para as namoradas e mães. Eu fazia muitos cupidos e corações, gotejando sangue, e outras coisas mais. Assim, quando ele perguntou se havia alguém que podia ilustrar o seu livro, logo me apontaram. Na verdade, tomei gosto...

Foi aí que fiz amizade com um rapaz da caserna, inscrito na Escola de Belas Artes. Eu ia até lá, ficava durante uma hora, conversando com vários professores, mas tinha medo, me sentia intimidado. Nesse período, também freqüentei uma casa comercial, onde se vendiam tintas, na Rua São José. Era um ponto de reunião de vários artistas e as discussões que eles travavam eram verdadeiras aulas práticas para mim. Passei a sair aos domingos, na companhia de um amigo, o Zé Fuzileiro, empregado de uma família rica na Praia de Icaraí, para ir pintar.

O oficial teimava para que eu fizesse carreira no Exército. Prometia me ajudar, mas eu sempre prezei demais a minha liberdade. Ele prorrogou meu tempo de serviço até o término do livro, mas afinal consegui dar baixa.

E retornou ao serviço público...

Bem, o doutor Vital Brasil havia me encaminhado para o

Laboratório do Estado, onde eu trabalhava como contratado. Depois de dar baixa no Exército, o Estado não quis me receber de volta. Fiquei uns seis meses desempregado, sem nada, mas convicto dos meus direitos. Com um atestado que obtive no Instituto, comprovando o meu tempo de serviço, procurei o tio Anacleto e através dele cheguei ao comandante Parreiras – eram amigos, jogavam pôquer juntos. O comandante me atendeu de pijama, na varanda da casa dele, ouviu a história toda, conferiu os papéis que lhe mostrei e disse que faria o possível para resolver o problema. Recomendou que me apresentasse na Saúde Pública. Eu já estivera lá diversas vezes, tomando o maior chá de cadeira, mas no dia seguinte a essa conversa, todas as portas se abriram como num passe de mágica.

Fui nomeado para o Posto de Saúde de Itaboraí, encarregado dos exames laboratoriais de rotina, aplicar injeções etc. Lá, grassava o impaludismo. Na estação das chuvas, cada marca deixada na estrada pelas patas dos animais transformava-se numa poça d'água, onde o mosquito depositava a sua larva. Era um moto contínuo. Lutávamos contra isso, o doutor Jonathas Pedrosa, médico; o Lourival, guarda sanitarista; eu e um servente.

A PINTURA, AS FESTAS E... ARACI

O senhor foi nomeado funcionário, mas já havia começado a pintar... Lembra-se das primeiras experiências na pintura?

A princípio, saíamos para o campo, sempre aos sábados: um grupo de uns oito amigos, todos homens – Francisco Confort, Aluízio Valle[8], Edgar Parreiras[9], Gastão Momberque Gouveia. Confort misturava tinta e água, e produzia trabalhos maravilhosos! Nascido na roça, se não me engano em Bom Jesus de Minas, era um rapaz tímido, que gostava de desenhar na areia. Até que um dia, o Mário, filho do Vital Brasil – a família passava férias naquela região – se interessou por ele, trouxe-o para Niterói e o levou à casa do Antônio Parreiras[10]. Ele aprendeu desenho e estudou francês. No Instituto Vital Brasil, moldava as cobras mortas em gesso, e pintava escama por escama. Ficava uma coisa...Tornou-se desenhista de capas de revista e de discos. Ele fez fortuna.

O grupo freqüentava muito a Boa Viagem, Jurujuba e a Ilha da Conceição, ainda desligada do continente. O barqueiro nos apanhava no cais do Portugal Pequeno, na Ponta da Areia, e cobrava 5 réis pela travessia. Na ilha, além de casas de pescadores e barcos, havia uma porção de chiqueiros e, na maré baixa, o cheiro era horrível. Eu pintava mal, mas estava decidido a me aprimorar, e ficava doido, à espera do sábado seguinte. Sofria à beça... Até que o Aluízio Valle se prontificou a me dar umas lições. Gentil, ele se aproximou de mim cauteloso, mas eu não queria outra coisa!

Qual foi o destino desse grupo?

O grupinho dura até hoje. Muitos foram estudar com o Grimm[11], que os levava para o Gragoatá, a Boa Viagem... O Aluízo Valle,

nos fins de semana, de manhã cedo, ia a Paquetá, encontrar-se com Pedro Bruno.

E que rumo o senhor tomou?

No início da década de 1940, a Associação Fluminense de Belas Artes publicou um anúncio nos jornais, abrindo concurso para quem quisesse estudar. Os interessados deviam inscrever-se no Museu Parreiras[12], e levar uma folha de papel, além do material de pintura. Lembro-me de ter comentado com a minha mulher a chance que aquilo representava... Mesmo assim, no dia do teste, diante do cavalete e na presença dos professores, tremi um bocado. O modelo era uma flor-de-lis, e tínhamos uns tantos minutos para desenhá-la. Aos poucos, fui relaxando, inclusive graças aos comentários de admiração dos que estavam à minha volta. Quando voltei, a fim de saber o resultado, o professor Caplonche informou que eu tirara o primeiro lugar; fez farra comigo: fiquei todo prosa... O curso seria ministrado a cerca de trinta alunos, na Escola Raul Vidal. Escultura, com o professor Paes Leme, e pintura, com vários professores: Moyses Nogueira da Silva[13], um baluarte, e outros.

DIONYSIO DE MORAES PINTANDO UMA MÁSCARA, TENDO AO LADO UM AUXILIAR DE TRABALHO. ANOS 1940.

Qual é o nome da sua esposa?

Araci Braga Moraes. Conheci-a tão logo ela se mudou para a Rua Geraldo Martins. Ela costumava permanecer no portão e nossos olhares se cruzaram. O namoro começou meio escondido da família, tanto que nos encontrávamos na esquina. Só depois de algum tempo conseguimos sair a passeio, de automóvel ou na motocicleta do irmão dela. Araci era ciclista, competia no Campo de São Bento, numa pista traçada pelo pai, engenheiro e inspetor de ensino do Colégio Salesianos. Namoramos durante quatro anos. Casamos em 1939 e fomos morar na Rua Trajano de Moraes.

Nessa época, o bairro de Santa Rosa estava muito mudado, com quase todas as ruas asfaltadas, iluminação nova etc. Recém construído, o destaque era o estádio Caio Martins, que se destinava a corridas de cachorro.[14] Apesar de ir à igreja, casei em casa, no civil e no religioso...

Havia cinema no bairro?

Dois. O Cine Mandaro, no Largo do Marrão, onde hoje existe o Supermercado Chave de Ouro. E o Santa Rosa, na esquina da travessa Santa Rosa, que acabou sendo demolido. Não existia tela nos cinemas e os filmes eram projetados na parede, acima da porta de entrada. Eu ia pouco...

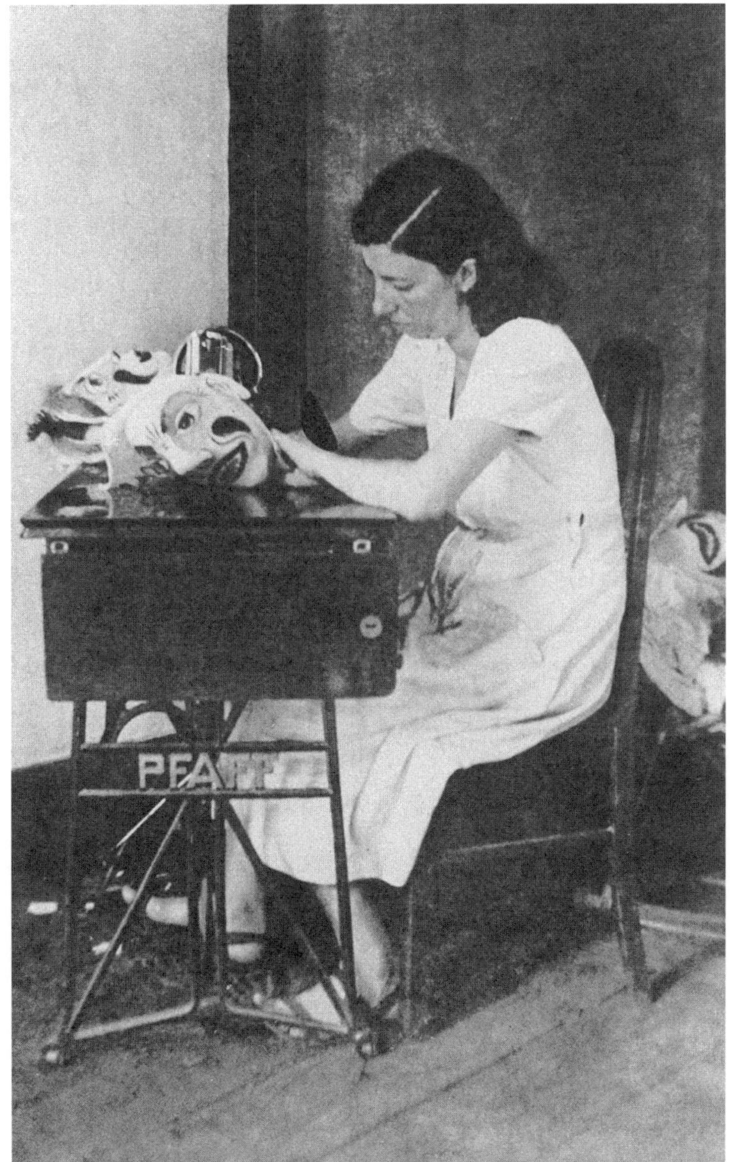

DONA ARACI COSTURANDO MÁSCARAS.
ANOS 1940.

Quais eram as maiores diversões?

Havia uma rinha de galos – a Guanabara – numa área hoje ocupada por um trecho da Avenida Ari Parreiras. Tio Anacleto tinha um viveiro em casa; treinava os galos diariamente, e os levava às disputas. Também criava passarinho: foi um grande criador de canários belgas, ganhadores de medalhas de ouro... Morava num sobrado. A casa dele tinha um grande quintal, e um córrego que atravessava o terreno – aquele mesmo riacho que passa entre a Gavião Peixoto e a Lemos Cunha.

Muita gente ia assistir às brigas de galo?

O movimento era grande, sim. Funcionava às quintas-feiras, sábados e domingos. Depois de casado, ganhei algum dinheiro lá, mas não nas apostas. Meu primo, o Binha, preparava o café, que eu vendia aos donos dos galos, em copinhos. Eles vinham de toda a parte, geralmente de bonde, que era a única condução na época. O *Viradouro* passava pelas barcas; o *Santa Rosa*, circular, tinha um ponto na Avenida Sete de Setembro com Gavião Peixoto, onde ficava o reboque; o *Saco de São Francisco* ia pela praia.

E quando foi que o senhor e dona Araci tiveram o primeiro filho?

A primeira filha – Nicete – chegou um ano e pouco após o casamento. Depois, tivemos um filho, Décio. E passados alguns anos, a caçula, Sueli. Sozinha, diante da responsabilidade de cuidar da menina recém-nascida, Araci deixou o emprego no Vital Brasil. Ela trabalhava lá e, com sua saída, tivemos dificuldades financeiras. Meu salário dava para o custeio da casa, mas graças ao fato de eu passar os dias inteiros em Itaboraí. Foram dois anos, assim, até que pude voltar para Niterói, substituindo um colega que falecera. Lotado no Centro de Saúde, naquele prédio em que funcionou o Tribunal Eleitoral, atual sede da Prefeitura, na Avenida Amaral Peixoto, eu fui trabalhar na seção de sorologia, coletando sangue e verificando três reações distintas: Wattermann, Kahn e Klein.

Como era o centro da cidade nos inícios dos anos 1940?

De fato, a Avenida Amaral Peixoto ainda não fora aberta, mas isso não demorou muito a acontecer. As demolições haviam começado com demasiada antecedência, e o mato crescia, enquanto as novas construções não surgiam. Por isso, a oposição apelidou o logradouro de 'Avenida Caruru': era o nome do capim que nascia lá.

Demorei anos trabalhando no Centro de Saúde, mas mesmo depois de transferido para o laboratório do Controle Médico do Estado – à Rua General Osório, perto do Gragoatá, atual *campus* da UFF – eu costumava bater ponto no bar de um amigo, na esquina de uma praça, em São Domingos.

A mudança do local de trabalho alterou sua rotina...

Mudou sim, porque eu passei a fazer todo o tipo de exame. O sujeito, ao ser admitido como funcionário público, submetia-se a um verdadeiro *check up*, e os contratados só obtinham licença mediante atestados fornecidos pelo Controle Médico.

BLOCO DE SUJOS "CANDOLECAS DE SÃO BENTO",
EM 1947. ARQUIVO FAN.

Só o salário permaneceu inalterado. Felizmente, eu tinha um bico num laboratório privado, das 7 às 11 horas da manhã. A pintura ficou relegada aos domingos, uma vez que o expediente do estado, aos sábados, só terminava às 14 horas.

E como é que o senhor se envolveu com o Carnaval?

Sempre gostei de brincar Carnaval, desde menino. No rinque, na ponte das barcas, aparecia muita gente fantasiada. Os rapazes enrolavam serpentina nas moças, jogava-se lança-perfume... Atravessando a baía, as barcas se convertiam em grandes salões. As melhores festas em Niterói, verdadeiras batalhas de confete, aconteciam no Barreto. O pessoal cantava e dançava ao som da música do coreto. Havia também banhos de mar à fantasia, em Icaraí e no Centro, e concursos, promovidos pelo Clube Gragoatá e pelo Regatas Icaraí. Já casado, com a Nicete pequenininha, íamos todos assistir ao desfile dos blocos pela Rua da Praia: o Rapinha, originário do Esporte Clube Fluminense, fazia o maior sucesso. Um bloco de homens vestidos de mulher – o Candolecas[15] – saía do Campo de São Bento e era uma diversão. Mais tarde, surgiram os dissidentes do Candolecas, que desfilavam a partir da Rua Domingos de Sá, com um porta-estandarte que levava um cartaz onde se viam dez camaradas de boca aberta, desdentados: eram os "dez sem dentes". No Rio, brincava-se muito na Galeria Cruzeiro. Eu costumava ir com uma fantasia de palhaço, costurada pela Araci, que não gostava de se fantasiar.

Morador de Santa Rosa, o senhor foi um dos fundadores do Clube Marieta...

A entidade chamava-se Associação Atlética Universitária. Ocupava um terreno cedido pela Prefeitura, nos fundos da Vila Marieta Decache, daí ter se tornado mais conhecida como Marieta. A iniciativa partiu de uma turma de rapazes que jogava vôlei na rua, apoiados por um morador, Walter Ferraz. Logicamente, quando se abriu a rua, ela recebeu o nome dele: Américo Oberlaender, que é a rua onde eu moro. Comecei a ir ao Marieta para jogar futebol numa quadra de cimento. Não havia arquibancada: nós a construímos. O salão de festas era pequeno, mas os bailes atraíam até mesmo as pessoas que dançavam no Canto do Rio. Foi todo coberto, mas acabou dando cupim no telhado e a diretoria mandou botar abaixo.

O clube cresceu, transformou-se num colosso – o bairro de Santa Rosa em peso o freqüentava. Nas matinês para a criançada, os adultos também brincavam. Fiquei, durante anos, responsável pela ornamentação. Tenho inclusive um diploma, concedido pela *A Gaivota*. [16]

MÁSCARAS DE GENTE FEIA, PALHAÇOS E DEMÔNIOS

Foi assim que lhe ocorreu a idéia de se tornar fabricante de máscaras?

Um dia, ainda na década de 1940, reparei numa máscara de pano, alemã, que um primo meu havia comprado para brincar o Carnaval, e me propus a fazer outra igual. Comprei uma camisa de meia, cortei, transformei num saco, engomei bem e procurei moldar... O resultado não me pareceu mal. Comprei então vários metros de tarlatana, pressionei o tecido em moldes de barro, aqueci-os num forno improvisado a partir de uma geladeira, daquelas de madeira. Eu transformei a velha geladeira em forno, e a tenho até hoje, como recordação. Quando o tecido secou, cortei o excesso de pano, dei para Araci passar na máquina e apliquei os detalhes: orelhas e cabelo. Ficou parecido com um rosto, direitinho. A pintura eu fazia assoprando, através de uma pistolinha muito primitiva. Levava vários dias para produzir uma dúzia de máscaras. Ficava com dor de cabeça, de tanto soprar a pistola. Passei a fazer máscaras de pano e também de papel. Custando praticamente o mesmo preço e disputando o mercado com as similares nacionais e as importadas, meu produto vendeu bem e chamou a atenção do comércio.

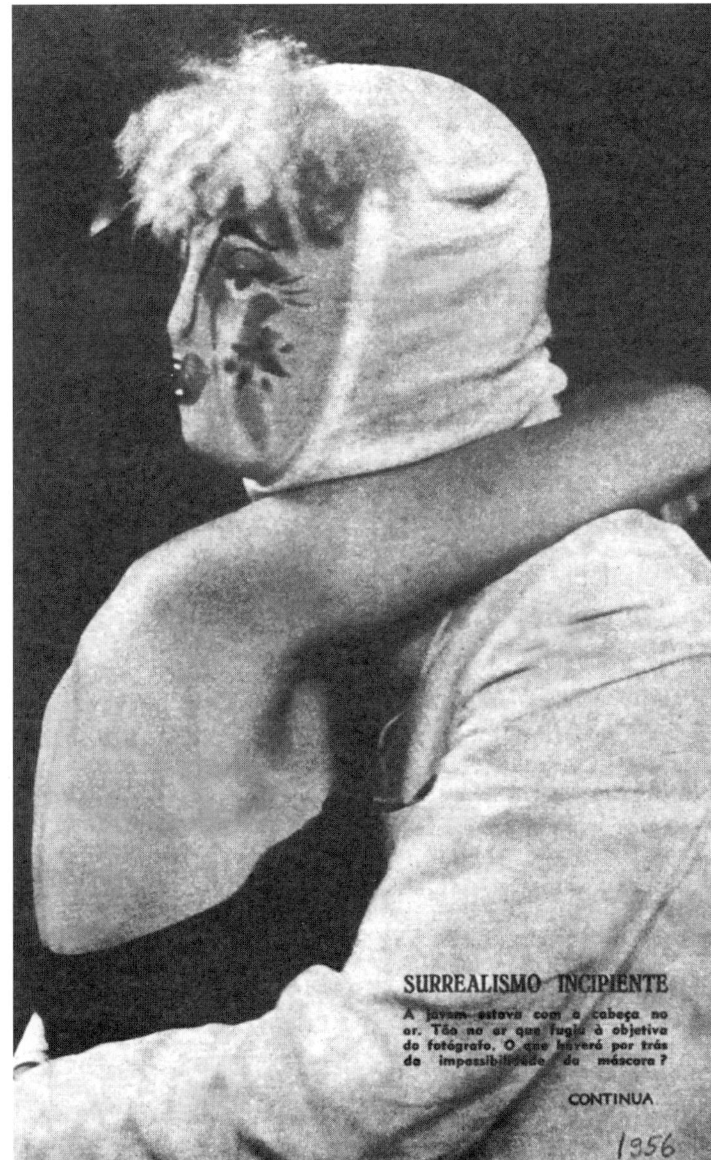

REVISTA *O CRUZEIRO* DOS ANOS 1950.
O NAMORO NO BAILE DO TEATRO MUNICIPAL DO RIO DE JANEIRO.
A MÁSCARA É CRIAÇÃO DE DIONYSIO DE MORAES.

Quer dizer, o senhor se tornou um pequeno fabricante de máscaras de Carnaval.

Daí em diante, eu tirava férias no período próximo ao Carnaval e me dedicava às máscaras. Contratei um rapaz pobre, da vizinhança, que me ajudava a aquecer os moldes. A pintura ficava por minha conta e Araci me ajudava na máquina de costura. Como não tinha licença, não fazia propaganda e produzia pouco. Distribuía duas ou três dúzias, no máximo, entre um comerciante de Niterói, já falecido, e um vendedor de brinquedos, um judeu chamado Jacob Bardavid. O trabalho era todo artesanal e rendia quase nada. Fazia por gosto, inclusive para amigos que se fantasiavam. Sempre separava a minha, é claro. As máscaras tinham cara de gente feia, palhaços, demônios... O cabelo era de um material vendido em farmácias, chamado 'filtro de xarope', uma espécie de palha fina. Eu coloria e aplicava. Até que um dia vi cair de um automóvel um espanador: desmanchei e passei a usar aquele material de fibra. Entrava na loja e comprava quinze espanadores – o sujeito do balcão me olhava intrigado. Só depois descobri a lã e passei a comprar mantas, cortar e colorir de diversas tonalidades. Durante a guerra, temendo atos de sabotagem, creio, as autoridades proibiram o uso de máscaras, e os comerciantes refugaram tudo o que eu havia feito. Não me esqueço; foi um prejuízo danado. Mas afora esse incidente, todo ano as ruas se enchiam de máscaras feitas por mim. Eu enfeitava o Carnaval.

Não havia muita concorrência?

Havia alguma. Associado a um turco, um sujeito produzia máscaras de entretela similares às minhas. Deve ter visto, nas ruas, e resolveu me copiar. Mas dei uma volta nele, quando inventei as máscaras de arame, que resistiam ao suor e à saliva. Foi meu pulo do gato; minha grande invenção! Não planejei nada, foi puro acaso. Um dia, um médico que trabalhava comigo no Laboratório da Saúde Pública pediu que eu fizesse umas espécies de carapuças. Ele queria estudar a reação de animais, submetidos a mordidas de carrapatos e, para isso, precisava manter os bichos junto às orelhas dos bois, dos coelhos etc. Para tanto, era necessário criar algo que impedisse a saída do carrapato, mas que o deixasse vivo e permitisse a observação. Percebi que se poderia usar a tela de arame, que teria de ser bem fininha, e estar costurada a um pedaço de couro, que se colocava na orelha do animal. Adquiri os materiais no comércio e fiz as carapuças, que agradaram muito ao médico.

E tratou de aplicar os novos conhecimentos...

Pois é... Eu fiquei pensando que o arame era um material resistente à umidade - suor, saliva -, e que permitia a moldagem

BANHO A FANTASIA NOS ANOS 1940.
FOLIÕES NA RUA VISCONDE DO RIO BRANCO,
ANTIGA RUA DA PRAIA, CENTRO DE NITERÓI.
ARQUIVO FAN.

SALVE
A
IMPRENSA

e a costura. Então me ocorreu usá-lo nas máscaras de Carnaval. Seriam necessários dois moldes, macho e fêmea, a fim de assegurar o formato correto. Experimentei primeiro com barro e, em seguida, com gesso. A seguir, pedi ao Zé Leiteiro, um fundidor do Fonseca, que fizesse as fôrmas. Ajustar a altura da prensa deu trabalho, porque o arame é muito fino. Também era importante não estourar o arame. Resolvidos todos esses problemas técnicos, iniciei a produção. Criei uma infinidade de moldes diferentes e tive a idéia de colocar ilhós nas bocas das máscaras. Assim, o camarada podia fumar, beber etc. Comecei a ganhar dinheiro.

Dava a primeira pintura, sempre da cor branca, com um compressor pequeno, e usava uma pistola semelhante a uma canetinha, para desenhar os detalhes. Antes disso, porém, cortava tiras fininhas de esparadrapo e debruava o arame, aguçado como uma navalha. Por último, colocava o saco de meia, para enfiar na cabeça. Trazia dúzias de camisetas da Rua da Alfândega: duas davam três máscaras.

Todas as máscaras tinham o mesmo fundo branco?

Tinham, porque é o branco que esconde a fisionomia da pessoa. Através da cor – preto, vermelho... – dá para reconhecer qualquer um. A pessoa fica como se estivesse sem máscara. O colorido só serve para enfeitar, tal qual o cabelo. É o branco que esconde, o que é fundamental para se passar o trote, a melhor brincadeira para quem sai de clóvis.

Quer dizer que o negócio progrediu...

Aos poucos, fui aperfeiçoando as peças e aumentando a produção. Quando recebi uma encomenda muito grande, fui à Mesbla e paguei um dinheirão pelo maior compressor que havia lá, com filtro de ar e tudo. E deixei de ir à Rua da Alfândega: comprava a malha em bobinas, direto da fábrica. Adquiri uma máquina elétrica, para cortar o saco, e deixei a costura por conta de meia dúzia de senhoras, que faziam o serviço em casa. Comigo mesmo, trabalhavam pessoas aposentadas: seis durante o dia e seis à noite. Nos meses que antecediam o Carnaval, eu varava as noites, sem parar. Produzia também aplicações de purpurina, luvas, uns óculos de plástico pequeninos, colares de havaiana, meias máscaras de cetim e bigodes postiços... Aliás, inventei um ganchinho que prende o bigode de tal forma que a pessoa pode sacudir à vontade – não cai.

E a legalização de seu negócio? Como é que o senhor resolveu isso?

Por volta de 1950, o proprietário da Casa Turuna[17] percebeu o potencial das vendas de meus artigos e exigiu que eu tirasse licença. Organizada a firma, aí sim, tive condições para contratar muita gente. Nessa época, fabricávamos máscaras pequenas, para as crianças brincarem no colégio, e máscaras de pano e papelão, uns cabeções enormes, imitando bruxas e caras de animais. Cobertos de estuque e cimento, os moldes eram cortados ao meio – a frente e as costas. Depois de prontas, unidas com cola, eu as pintava. Mas eu não trabalhava só para o Carnaval. Passei a emendar com artigos para o Natal: coisas para roupa de papai-noel, luvas, barbas, bigodes... Vendia tudo.

BLOCO "INOCENTES CANIBAIS",

NA RUA VISCONDE DO RIO BRANCO, NOS ANOS 1940. ARQUIVO FAN.

Ao longo dos anos, a Casa Turuna se manteve como a minha grande compradora. Os donos da Casa Mandarim, na mesma rua e hoje já extinta, também demonstravam interesse e me compravam artigos. Aí eu não dava mais conta... No Rio, tinha freguês à beça. Gente que parava na porta, para comprar máscara – encomendava antes e tudo. E havia os camelôs da Rua da Alfândega. Vinha gente de Ramos, de Santa Cruz para comprar em segredo, na tentativa de monopolizar o comércio local. Em Santa Cruz, uma vez, fizeram até uma mascarada em minha homenagem.

Qual era o nome da firma?

'Monumento', numa referência ao monumento de Nossa Senhora Auxiliadora, bastante conhecido pelo povo de Santa Rosa; as máscaras trazem estampado o seu clichê. Associei-me primeiro a um amigo, Sebastião Oberlaender Pinho. Tínhamos uma oficina e fazíamos uns bonequinhos que saltavam, ao se apertarem os dois pauzinhos a que estavam presos. Produzimos também carrinhos, cordas – dessas que as meninas usam para pular – cuícas, tamborins... Eu e ele saíamos juntos, no Carnaval, fantasiados. Era divertido. Eu conhecia a família dele toda.

Essa sociedade durou quanto tempo?

Pouco mais de um ano. Começamos bem, mas um dia o meu sócio cismou de comprar uma fábrica de bonecas que estava à venda. Nós nem sabíamos fazer bonecas... Ele insistiu, argumentando que a proprietária se dispunha a passar o negócio com todas as fôrmas. Eu tinha uma certa experiência com brinquedos de papelão: uns passarinhos, com uma frestinha por onde entravam as asas, presas com arame a uma mola, os pés esparramados, colados num carrrinho. A criança puxava e as asas se mexiam. Eles gostavam. Também sabia fazer cavalinhos de madeira e de papel, e soldadinhos de chumbo. Fiz muito soldadinho, moldando, pintando e colocando em caixas. Acabei aceitando a proposta. Fui lá e trouxe as fôrmas para casa. Como não havia espaço, ele contratou uma pessoa que ergueu um barracão, onde se fazia a massa e tudo o mais. As bonecas eram de todo o tamanho: o corpo de pano e os braços, as pernas e o rostinho de louça. Não sei que jeito eu dava naquela massa: algumas vezes funcionava direitinho, outras não. A Araci é que costurava: fazia a roupinha, a touca... Mas era complicado e vi que não ia dar certo. Falei com ele e desfizemos a sociedade. Foi um final amigável. Criei, então, a 'Searom'- Moraes ao contrário – em nome da Araci. Dada a minha condição de funcionário público, o Estado jamais me concederia licença.

O senhor continuou fazendo brinquedos depois dessa experiência?

Não. Só máscaras. Inclusive para o exterior. Já me aposentara, contando em dobro as licenças-prêmio que não havia desfrutado e o tempo de serviço em regiões insalubres. Trabalhamos duro, Araci e eu, expandindo o negócio. Empregamos umas dez pessoas, e ela se encarregava do almoço desse pessoal todo, além de cuidar da casa, das crianças e ainda de coser as máscaras. Dos concorrentes, só sobrou um espanhol, que também trabalhava com a mulher. Sua firma cresceu fazendo máscaras de arame, de plástico, de borracha... O tempo correu e meus funcionários foram morrendo, um deles num desastre de automóvel que vitimou a família inteira. Senti um desgosto muito grande, acabei com tudo e comprei uma casa. Praticamente parei.

Mas era uma atividade lucrativa...
Bastante lucrativa. Depois que encerrávamos a produção carnavalesca, colocávamos uma mesa no quintal, cheia de bebidas, e reuníamos os empregados para comemorar. Todos recebiam um envelope branco com uma gratificação que variava. Alguns compravam geladeira, fogão e outros eletrodomésticos com o dinheiro que eu dava. Coisas com que sequer poderiam sonhar. Por aí se vê como dava para ganhar bem. Na verdade, a minha aposentadoria era irrisória.

O mercado mudou muito, daquele tempo para cá?
Nunca me preocupei em registrar patente, pois a verdade é que sempre fiz o que gostava de fazer, nada além disso. Esse espanhol, estabelecido em São Gonçalo, talvez fosse muito mais empreendedor que eu. Começou produzindo artigos até então inexistentes. Máscaras de borracha e de plástico, perfeitas e baratíssimas. Ele se chama Armando Vale; é um artista. Quanto a mim, com a idade que tinha, preferi manter as minhas ocupações. Não quis mais me meter em coisa alguma.

Seus filhos não se interessaram?
Todos sempre participaram: era um trabalho familiar. Mas a Nicete sempre foi a que se envolveu mais.

O que diferencia o seu trabalho, ainda hoje?
A pintura. Ela é muito mais bonita. Os lojistas são testemunhas – só depois de vender as minhas máscaras é que conseguem dar saída na produção da concorrência. Fico orgulhoso e o trabalho me faz bem.

O senhor continuou pintando e fazendo máscaras de Carnaval, embora muito menos. Alguma vez fez exposição?
Uma única vez. Foi uma mostra que realizei na Caixa Econômica, em fevereiro de 2000, mais por insistência de um menino que conheço há muito, e hoje é o secretário municipal de Cultura: o Marcos Gomes. Quando ele era criancinha, adorava brincar na minha casa. Ele promoveu uma festa muito bonita para mim. Fiquei muito feliz. Muitas crianças foram visitar a exposição e vieram aqui em casa conversar comigo. Brinquei com elas e gostei delas ficarem me ouvindo, querendo saber como se faz uma máscara de Carnaval. Tenho uma filha que é professora de artes. Crianças são sempre curiosas e essa curiosidade pode vir a ser um bom estímulo, quem sabe?

[*] Essa entrevista foi realizada por Angela de Castro Gomes, na residência do entrevistado, em Santa Rosa, Niterói, nos dias 9 e 15 de março de 2000. A transcrição foi de Maurício Vasquez. A conferência de fidelidade e uma primeira edição do texto estiveram a cargo de Angela de Castro Gomes. A edição final foi de Marcos Aarão Reis.

[1] Refere-se ao trágico acidente com a barca Sétima, que afundou próximo à ilha de Mocanguê Grande, em 26 de outubro de 1915. A barca fora fretada para que alunos e professores do Colégio Salesianos pudessem ir ao Rio de Janeiro, homenagear o Arcebispo D. Joaquim Arcoverde de Albuquerque Cavalcanti, primeiro cardeal da América do Sul. Na volta, a fim de proporcionar uma distração extra aos alunos, a excursão foi até a enseada do Maruí. Por volta das 15:30h, a barca, com cerca de 328 alunos, padres, professores e diversos funcionários do colégio, chocou-se contra o casco de um navio afundando rapidamente. No acidente morreram 27 alunos.

[2] O Canto do Rio Futebol Clube foi fundado em 14 de novembro de 1913 por quatro rapazes, entre eles Hugo e Adal Mariz de Figueiredo. Sua sede era na Rua Osvaldo Cruz, e seu campo de treino era no fim da Praia de Icaraí, daí seu nome. Depois de trocar algumas vezes de sede no próprio bairro, fixou-se no Centro, por volta dos anos 1930, nas instalações do Automóvel Clube de Niterói, local onde tem sua atual sede.

[3] O serviço militar, nesta época, era realizado aos vinte anos, e não aos dezoito, como é hoje em dia.

[4] Vital Brazil Mineiro da Campanha (1865/1950) era médico e cientista. Inicia, em 1891, seus estudos sobre ofidismo, matéria na qual seria reconhecido mundialmente. Funcionário do Instituto Butantã, de São Paulo, desliga-se da instituição em 1918, sendo convidado pelo governador fluminense Raul da Veiga para instalar-se na antiga Fazenda da Olaria, em Niterói. Em 1920 tentou, juntamente com Antônio Pedro, criar uma Faculdade de Medicina em Niterói. Voltou ao Butantã em 1924, retornando a Niterói em 1927, onde permaneceu até o fim de sua vida. Em 1938 a posse da Fazenda da Olaria é transferida em definitivo para o Instituto Vital Brazil. Pouco antes de falecer, Vital Brazil iniciou o loteamento dos terrenos do local, dando origem ao bairro que leva seu nome.

[5] Cultura de bactérias realizada em ambiente sem ar.

[6] Vital Brazil casou-se duas vezes. Com a primeira esposa teve 13 filhos, com a segunda 9. Apenas um deles, Vital Brazil Filho, seguiu a carreira do pai. Nascido em 1905, faleceu em 1932, contaminado pelo vírus da hidrofobia, enquanto pesquisava uma vacina contra a doença.

[7] Além do prédio do Instituto, é obra dele, em Niterói, o edifício do Colégio Raul Vidal.

[8] Aluízio Valle (30/08/1906 – 07/07/1988) era pintor, artista plástico, cenógrafo e professor. Produziu cerca de 1.000 obras, recebendo diversas premiações.

[9] Edgard Parreiras era irmão do comandante Ari Parreiras.

[10] Antônio Parreiras (1860/1937), pintor niteroiense, considerado o maior paisagista brasileiro.

[11] Grimm, pintor alemão que praticamente inaugurou a escola de paisagismo brasileira, reunindo seus alunos para pintar na área das praias Vermelha e da Boa Viagem.

[12] O Museu Antônio Parreiras foi instituído pelo decreto nº 219 de 24/01/1941, assinado pelo Interventor Federal, comandante Ernani do Amaral Peixoto. O museu foi instalado na própria casa do pintor, no bairro do Ingá.

[13] Moisés Nogueira da Sila foi um pintor niteroiense bastante ativo na primeira metade do século XX. Foi dos primeiros participantes da Associação Fluminense de Belas Artes.

[14] O Estádio do Caio Martins foi inaugurado como canódromo, mas, devido à proibição do jogo durante o Estado Novo, o canódromo foi desativado. O Governo do Estado adquiriu o imóvel juntamente com terrenos adjacentes e transformou o local em estádio de futebol. Em 11 de setembro de 1940 foi dado ao estádio o nome de Caio Martins, em homenagem ao escoteiro mineiro falecido em 1938. Ele sediou diversas partidas do campeonato estadual de futebol, notadamente quando dele participavam os times do Rio Cricket e do Canto do Rio. Está atualmente arrendado pelo Botafogo Futebol e Regatas.

[15] Candolecas de São Bento era um bloco que desfilava com homens vestidos de mulher, na década de 1940. O Candolecas marcava presença, inclusive, no banho de mar à fantasia do Fluminense Esporte Clube, na Rua da Praia, atual Visconde do Rio Branco.

[16] *A Gaivota*, revista editada pelo Clube Mauá, de São Gonçalo.

[17] Casa Turuna, loja carioca tradicional, fica localizada na Avenida Passos da Pátria, no SAARA. É especializada em artigos de Carnaval.

DIONYSIO DE MORAES, UM AMIGO E OS FILHOS NICETE E DÉCIO NO JARDIM DE SUA CASA, ONDE FUNCIONAVA A OFICINA DE CARNAVAL. ANOS 1940.

MESTRE AFONSO DESFILA
NA FRENTE DE SUA BANDA
NO PÁTIO DO COLÉGIO SALESIANOS
SANTA ROSA. ANOS 1990.
FOTO COLÉGIO SALESIANOS.

O MESTRE DA BANDA

ENTREVISTA COM AFONSO GONÇALVES REIS*

MENINO POBRE, DAS MINAS GERAIS

MEU NOME É AFONSO GONÇALVES REIS. Nasci no dia 13 de agosto de 1916, no município de Ponte Nova, Minas Gerais. Com os meus 84 anos, já tenho até sobrinhos tataranetos! Meus pais se chamavam José Gonçalves Reis e Maria Salomé da Cruz. Ele era descendente de portugueses e marceneiro: um mestre-de-obras, como se dizia. Ela sempre foi dona-de-casa. Tiveram onze filhos, quase todos já falecidos. Eu sou o mais novo. Portanto, era uma casa muito animada, até demais... Tínhamos uma orquestra que tocava música popular, alegrando as reuniões familiares. Meu pai não tocava, mas meus irmãos, sim: violão, flauta, cavaquinho, bandolim, violino. Havia também uma banda na cidade - a 'Sete de Setembro'-, onde comecei a aprender sax alto, bombardino, e principalmente a ler música.

Bom, mas se seu pai não tocava, como vocês aprenderam música?

Em casa, com os irmãos mais velhos; uns ensinando aos outros. Quando meu pai faleceu, eu tinha apenas seis anos: fui criado sem pai. Cedo ainda, nos mudamos para a cidade de Ponte Nova – eu estava com 13 para 14 anos – e fui estudar no Colégio Salesianos, onde havia uma bandinha. Foi aí que eu aprendi a tocar instrumento de sopro. Meus irmãos atacavam de violão, cavaquinho, banjo, bandolim e violino. E as meninas cantavam que era uma beleza... Comparecíamos a tudo que era festa: casamentos, recepções, aniversários, por gosto mesmo de tocar. Nosso repertório era variado – samba, marchas e músicas conhecidas da época. Certa vez, num lugar chamado Fazenda de Sobreiro, o caminhão em que viajávamos quebrou na estrada, e caminhamos a pé os 3 km que restavam... Chegamos atrasados, cansados, mas tocamos até o sol raiar.

Todos os irmãos freqüentavam a escola?

Todos nós, pois minha mãe incentivava os filhos a estudar, dizendo que não nos deixaria dinheiro, mas instrução. Um de meus irmãos, inclusive, foi seminarista e tocou no órgão do seminário de Mariana. Depois, foi professor do instrumento. Duas de minhas irmãs tornaram-se professoras primárias em escolas rurais na região de Ponte Nova.

Que lembranças o senhor guardou de sua infância em Ponte Nova?

Eu ainda vou lá, uma vez ou outra, visitar o pessoal da velha guarda. São uns quatro ou cinco que restaram daquela época; ficamos lembrando o passado... Nas reuniões anuais da família chegamos a mais de cem pessoas. Recentemente, num casamento em Belo Horizonte, contamos 80 primos, mais os filhos e netos. Todos se conhecem e costumam se visitar. Isso hoje. Naquele tempo, com onze filhos, a gente vivia como podia, embora sem passar necessidade. Fiz o grupo escolar, em Ponte Nova, até a quinta série, e fui para Cachoeira do Campo aprender agronomia. Gostava das coisas naturais e via o pessoal tratando das plantas e dos animais. Com tudo isso senti pendor pela agronomia. O Colégio Dom Bosco mantinha um curso ginasial e, em anexo, tinha o curso agrícola. Só que ele acabou sendo sufocado pela criação, em 1933, da Escola de Viçosa. Eu só cheguei a estudar um ano. E olha que havia uns cem jovens fazendo agronomia, e muitos mais na escola.

A BANDA DO COLÉGIO SALESIANOS FOI CRIADA EM 1888
E ESTA É UMA DE SUAS PRIMEIRAS FOTOS: 1896.
À FRENTE UM RETRATO DE DOM BOSCO.
FOTO COLÉGIO SALESIANOS.

Aprendizes (An. 1896)

O colégio não era gratuito, mas nem todos pagavam. Como era isso?

Havia alunos que não pagavam nada ou pagavam apenas 25% da mensalidade. Era uma prática. Mas todos tinham direito a tudo. Partilhavam-se o dormitório, as salas de aula, o refeitório, a alimentação etc. No meu caso, amigos da minha família, em Ponte Nova, ajudavam.

Em Cachoeira o senhor participava de alguma banda?

Sim, eu e mais uns 40 meninos fazíamos parte de uma banda musical. Era bastante gente, considerando aquela época, aquele sertão. O salão do colégio costumava ficar repleto. Eu tocava trompete, mas tive de atacar de bombardino.

Falando para quem não entende nada de banda. Que instrumentos, normalmente, uma banda precisa ter?

Para ser completa, uma banda precisa de flautim, flauta, clarinete, saxofone, trompete, trompas, trombone, tuba, bombardino e percussão. Isto é, tímpanos e bateria completa, incluindo bumbos, caixas e pratos. São, no mínimo, umas 25 a 30 pessoas. As bandas maiores podem chegar a 70 pessoas, ou mais.

E qual é a diferença entre uma banda marcial e uma banda musical?

A banda marcial só toca músicas próprias para marchar, apresentando-se em festas cívicas; a musical tem instrumentos e repertório mais variados. Mas é comum uma pessoa tocar nas duas, ao mesmo tempo. Por exemplo, atualmente, estou colocando à disposição de quem queira estudar meus violinos e clarinetes, ou seja, instrumentos de corda e de sopro. Assim, se for preciso formar uma orquestra, poderei contar com os elementos da banda musical.

MENINO INTERNO, NUM LUGAR DISTANTE DE CASA

Muita gente procurava o ensino agrícola?

Na época, por volta de 1932, sim. A escola era muito bem montada. Dispunha de viveiros para animais e vários equipamentos, inclusive tratores. A chegada do primeiro trator foi uma festa! Antes, os professores nos ensinavam a colocar o boi no arado e, depois, era a máquina! Estudávamos bastante: análise do solo, botânica, história natural, hoje biologia. Os rapazes aqui acham graça, quando me ouvem falar acerca das famílias das plantas. Eles pouco sabem a respeito. Só que um ano depois, com o fim da escola, precisei me mudar para o Colégio Salesianos de Lavrinhas, em São Paulo, a fim de concluir o ginásio. Fiquei lá até 1938, quando fui para o Salesianos de Campinas, onde havia uma escola agrícola, como eu queria.

Foi em Campinas que sua opção pela música se aprofundou?

Creio que sim. Naquele tempo não havia curso científico – o atual 2º grau – e terminados os cinco anos de ginásio a gente

BANDA DO SALESIANOS EM UNIFORME DE GALA.
À FRENTE, O MAESTRO JUAN LLORENS E O PADRE DIRETOR, 1944.
FOTO COLÉGIO SALESIANOS.

podia fazer o que hoje é o vestibular. E fui para a escola agrícola de Campinas, porque ela era grande e boa: tinha uns 400 alunos internos. Lá eu estudei dois anos e conheci o maestro Salvador Bove, do Conservatório de Música; um antigo líder de banda dos carabineiros italianos. Ele me estimulou a retomar o estudo do trompete. Foi sob sua influência que me tornei contramestre, quer dizer, aquele que exerce as funções do mestre em sua ausência. Certo dia, durante uma visita do interventor de São Paulo, Ademar de Barros, à cidade de São Carlos do Pinhal, e na ausência do maestro, quem assumiu a direção da banda fui eu. Agradei e, daí em diante, fiquei sendo o regente.

Como era a vida de um rapazinho interno, nos anos de 1930?
Eu levantava, ia à missa e fazia a primeira refeição. Depois, ia às aulas de prática de agricultura; à tarde, quando o sol já estava mais quente, vinham as aulas teóricas. Entre uma coisa e outra, o almoço. Muita carne, muita verdura, muita fruta. Tínhamos uma horta e um pomar, com avenidas de mangueira, jenipapo, de jabuticaba, mais uma pilha de morangos e abacate. Uma boa parte da produção da escola destinava-se à venda, mas os alunos consumiam bastante, e também trabalhavam. Contudo, o serviço pesado - de arrumar as ferramentas e passar graxa nas máquinas - ficava a cargo dos empregados.

O colégio situava-se dentro do perímetro urbano?
Sim. Era um terreno enorme, no bairro de Taquaral. Hoje, quando ouço falar nos jogos que se realizam no ginásio que construíram no local, penso no monte de batata que plantei naquele chão, embaixo do cimentado. Em Cachoeira do Campo funcionava um sistema parecido com o de Campinas. Só que lá se plantava chá-mate. Eram uns três ou quatro hectares cobertos. Tudo era colhido e torrado na escola mesmo. A plantação era grande e os alunos preferiam beber mate, ao invés de café, na hora do lanche. Essas atividades no campo, mais os esportes, amenizavam a saudade que a gente sentia de casa. Eu, por exemplo, jogava tudo e nos primeiros times: futebol, vôlei...

O senhor prosseguiu no curso de agronomia, em Campinas, até quando?
Até ele acabar, quando a escola federal de Piracicaba foi criada, em 1940, creio. Ela matou a de Campinas. Além disso, a cidade estava crescendo muito e o terreno do colégio acabou sendo loteado e vendido. Foi nesse momento que fui convidado pelo diretor do Colégio Salesianos de Lorena para assumir profissionalmente a regência da banda da escola.

Foi o período da Segunda Guerra Mundial. O conflito repercutia no colégio?
Havia problemas de alimentação, principalmente no colégio de Lorena. Às vezes, faltava pão, substituído no café da manhã por mingau de fubá. Os alunos até gostavam mais. No geral, porém, a proximidade de um quartel nos beneficiava, pois o pão que abastecia o rancho da tropa era fornecido aos alunos da escola agrícola.

Pelo rádio, que os padres colocavam no teatro, ouvíamos poucas notícias, sem atinar com aquela politicagem do Getúlio Vargas. Em 1942, alguns jovens de Lorena foram mobilizados para a guerra, mas isso não chegou a causar grande repercussão. O que fez muito sucesso na escola foi o cinema, que veio mais ou menos por aí. Os filmes eram as chanchadas e o artista mais em voga, o Grande Otelo. Os meninos achavam graça das suas piadas. Eu gostava muito e todo mundo gostava. Nos colégios Salesianos não havia tanta diversão, mas havia muito esporte. Dom Bosco, fundador da ordem, não queria menino parado no pátio: água parada cria bicho. Sei de muitos colégios que mandam a garotada fazer repouso, depois da refeição. Os salesianos, não. Botam os meninos para correr.

Até quando durou a sua permanência em Lorena?
Fiquei lá de 1941 a 1947. Podia ter saído antes, mas me sentia a tal ponto fascinado pelo trabalho com aqueles meninos, com os resultados que alcançávamos... Havia uma verdadeira transformação dos garotos, vindos da roça, broncos, e que iam se educando com a música, integrando as diversas orquestras... Um belo dia, porém, o diretor do Colégio Salesianos de Niterói foi a Lorena e me convidou para assumir a banda de sua escola. Ele alegou que, desde a doença do maestro anterior, chamado Juan Llorens, em 1944, não conseguira um bom substituto. Em três anos, cinco maestros não haviam dado conta do recado. Ciente do meu trabalho na banda em Lorena, ele insistiu em me trazer para cá. Deixei um aluno no meu lugar e vim.

NO CONSERVATÓRIO DE VILLA-LOBOS

Além do bombardino e do sax, que outro instrumento o senhor tocou?
Flauta. Toquei flauta durante três anos na escola de música. Ensino de música era coisa séria. Para trabalhar nos colégios era preciso ter registro, e eu fui fazer a minha formação no Conservatório de Canto Orfeônico do Villa-Lobos, lá na Praia Vermelha. Estudávamos prática de regência musical, metodologia, didática de ritmo, tocávamos vários instrumentos e tínhamos um dia inteiro dedicado ao canto orfeônico.
Às quartas-feiras, o diretor dispensava as turmas e cada aluno ia para uma escola do Rio de Janeiro, então Distrito Federal, e pegava uma série, para praticar. Discutia-se em grupo o planejamento da aula, além de haver uma exposição sobre a didática pretendida. A parte pedagógica se constituía no ponto alto do Conservatório. O curso oficial durava três anos, com três aulas semanais, das 15 às 18 horas. Mas existia um curso de emergência, de um ano apenas, com aulas de segunda a sexta, das 13 às 18 horas. E ainda havia a grande atração do Conservatório. Todas as quintas-feiras, o maestro Villa-Lobos dava aulas de didática para o grupo todo.

E que outros conservatórios o senhor cursou?
Fiz em Campinas, quando estudava lá, dois anos de um conservatório municipal, que só tinha reconhecimento no âmbito estadual. Prossegui em Lorena, ao longo de outros dois anos,

tendo aulas de harmonia, com Geraldo de Souza, e de flauta, com Peternelli. Mas foi somente em Niterói que pude fazer um conservatório de validade nacional. Na época do vestibular, dificílimo por sinal, aconteceu um episódio interessante. Um sujeito da banca me perguntou onde eu havia estudado flauta. 'Na roça', respondi. Ele quis saber com quem. Eu disse: com 'Leonel Peternelli'. Imagina!... O Moacyr Licirela, um dos professores de flauta da escola, fora colega dele. Esse Conservatório de Niterói era dirigido pelos maestros Felício Toledo e Botelho, e funcionava num prédio da Rua São Pedro. Antes do vestibular fazia-se um curso preparatório, que precedia ao exame de instrumentos. O currículo consumia três anos e o diploma, muito conceituado, dava direito à matrícula no conservatório de formação de professores – uma exigência, na época, para quem queria ensinar. Obtive o meu em 1953. Daí parti para o conservatório de Villa-Lobos, em meados da década de 1950.

Certamente foi um grande privilégio estudar com Villa-Lobos.

Não tenho dúvidas. Ele chamava as aulas que dava de palestras de coordenação, mas eram didática pura. Eram a sua própria vivência como aplicação prática. Conhecedor profundo do folclore, do Amazonas ao Rio Grande do Sul, franqueava a biblioteca para que fizéssemos pesquisas, e nos ensinava a trabalhar com os alunos. Ele dizia que devíamos dar aulas tão boas que os meninos, ao escutar o sinal do recreio, ao invés de sair correndo, sentiriam pena da aula terminar. 'É com os meninos que vocês vão aprender isso: se deram aula ou não deram. E ria. Insistia também para que aproveitássemos as qualidades de cada um, mesmo daqueles menos afinados. 'Os dedos das mãos não são iguais... Nós temos impressões digitais diferentes... Não se podem comparar a água e o vinho'. Com essas afirmações ele chamava a nossa atenção para o fato de que nem todo mundo tem ritmo e sabe cantar. Mas todo mundo pode ser estimulado a realizar algo apreciável.

Era com certeza um bom professor... Gostava do que fazia e gostava de alunos.

Era muito bom mesmo. Principalmente, no que diz respeito à didática. Nervoso quando regia, conosco era paciente e tinha um comportamento de boa praça. Comunicativo, não se fechava. Dava sempre conselhos, sem qualquer arrogância. Lembro-me de uma colega, violinista da Sinfônica Nacional, a quem ele recomendou que se concentrasse nos estudos, pois o vestibular seria difícil. Sugeriu, com uma semana de antecedência, que ela não deixasse de freqüentar as aulas de solfejo. Mas essa senhora desdenhou o alvitre e imaginou estar preparada. Afinal, não foi feliz: a banca a reprovou. Ele a consolou e, ao

MESTRE AFONSO REGE GRANDE CORAL
EM FESTA DO COLÉGIO SALESIANOS. ANOS 1980.
FOTO COLÉGIO SALESIANOS.

mesmo tempo, lhe deu uma lição de humildade, dizendo que era quase um autodidata... "Tentei duas vezes o Instituto de Música, pois na primeira, não passei". Assim, com o exemplo, ele nos ensinava a trabalhar.

Que outros professores compunham o corpo docente desse conservatório?

Lembro-me do Brasílio Itiberê, folclorista emérito, professor de Prática de Canto Orfeônico. De Helena Fernandes, esposa do Lourenço Fernandes. De Asdrubal Lima e Paulo Silva, com quem estudei Harmonia, Contraponto, Fuga e Composição. Eram a nata, o primeiro time da docência. E havia o Andrade Muricy, grande musicólogo, mestre no violoncelo, que ensinava História da Música. Apesar de idoso, ele sabia dar aulas muito atraentes, e nos mostrava as diferentes formas de percepção de um Palestrino, de um Villa-Lobos, e as características de escolas, de épocas marcantes no desenvolvimento musical. Depois de aprender tudo isso dá até pena ouvir a quantidade enorme de CDs que se anda gravando por aí. Desculpem-me, mas não há nada que mereça ficar para a posteridade.

PRIMEIRO PRÉDIO DO COLÉGIO COM PROCISSÃO EM VOLTA DO MONUMENTO. ELE TORNOU-SE LOCAL DE ROMARIAS E EM 1906 CONTAVA COM UM MODERNO PLANO INCLINADO, CUJOS TRILHOS APARECEM NA FOTO.
FOTO COLÉGIO SALESIANOS.

A despeito de todas as mudanças, a relação entre o folclore e a música permaneceu forte, não é verdade?

Eu ganhei um concurso na Europa com uma cantiga folclórica, 'Dança de Negro', de um balé do Francisco Braga. Fui muito aplaudido. Os maestros russo, holandês, francês e alemão me pediram cópias da partitura. Fui feliz em todos os certames de que participei, 36 ao todo. Em nove, tirei o segundo lugar; nos restantes, o primeiro.

No Brasil, cada região se expressa pela sua música, de norte a sul, sendo que eventualmente encontramos diferenças até entre os estados de nosso país. A música nordestina, por exemplo, tem uma riqueza enorme. No Ceará, há uma nítida tendência gregoriana, diferente do folclore baiano e pernambucano. O ritmo gaúcho é de origem européia, e resultou na caboclinha. A música ameríndia também é muito rica. Foi a sua fusão com a música negra que deu origem à música popular brasileira. Isso é inegável. As pesquisas mais aprofundadas nesse campo foram realizadas por Villa-Lobos e um outro personagem pouco conhecido, frei Siesing, um alemão que percorreu o sertão na época da Guerra de Canudos, recolhendo material. Viveu 60 anos no Brasil, e está sepultado no Rio de Janeiro.

Villa-Lobos trabalhava muito a questão do canto coral...

Foi ele quem levantou o coral nas escolas do Brasil. No conservatório nós éramos formados para isso, pelo maestro Florêncio. Através do canto orfeônico estabelecíamos a associação entre bandas e corais. O 'Canto do Pajé' servia tanto para trabalhar o coral quanto a banda, que fazia o acompanhamento. Estudava-se muito essa metodologia, aprendendo que a banda não é o principal, e que cada instrumento deve saber se conduzir como apoio.

VOCAÇÃO RELIGIOSA

Quando foi que o senhor sentiu a vocação religiosa?

Desde os tempos da escola agrícola, em Cachoeira do Campo, a comunidade salesiana me marcou muito. Nessa época, eu ainda não pensava em termos de vocação religiosa, mas admirava muito os padres. Quando me mudei para Lorena, sim, já havia me tornado religioso. Foi durante minha estadia em Campinas, que tomei a decisão e iniciei o apostolado. Poucos sabem que isso é possível – ser religioso sem ser padre. O superior dos Salesianos me garantiu que eu poderia cumprir a minha vocação sem interromper o trabalho que vinha realizando. Assim me tornei irmão da Ordem Salesiana.

E o que faz um irmão salesiano?

Antes de mais nada, estuda. Teologia, inclusive. Outras matérias, também. O professor Walmor, por exemplo, do Colégio Salesianos de Niterói, é um irmão formado em Filosofia. Assumimos um compromisso, em cerimônia pública, e passamos por um período de experiência, antes da confirmação. Eu nun-

PASSEIO DO COLÉGIO SALESIANOS NA ALTURA DA PEDRA DE ITAPUCA.
AO FUNDO A PRAIA DE ICARAÍ E AO LONGE, O MONUMENTO. INÍCIOS DO SÉCULO XX.
FOTO COLÉGIO SALESIANOS.

ca me arrependi, pelo contrário. Ao ver tanta gente que não deu certo na vida, sinto uma satisfação redobrada. A minha família, na qual todos eram casados e não havia nenhum caso de vocação religiosa anterior, é que sofreu um impacto.

Vivendo em cidades distantes, o senhor nunca perdeu o contato com os familiares?

Eu os visitava com freqüência. Nos feriados prolongados e em ocasiões especiais, nem sempre alegres, infelizmente. Quando meu irmão mais velho faleceu, eu tinha prova no dia seguinte, mas não deixei de comparecer ao enterro. Arrisquei ficar em segunda época, pois não havia segunda chamada. Mas o colégio acabou abrindo uma exceção, e fiz a prova alguns dias depois. Meus irmãos também costumavam ir me ver. É um hábito nosso. Até hoje, espalhados pela Bahia, São Paulo, Belo Horizonte, Brasília, Teófilo Otoni, Ouro Preto, Ponte Nova, os sobrinhos fazem questão de que eu compareça às reuniões da família.

Nascido em Ponte Nova, mas tendo vivido quase toda a vida em Niterói, como é que o senhor se sente: mineiro ou fluminense?

Quando cheguei a Niterói, vindo de Lorena, no final dos anos 1940, a cidade me pareceu enorme. E linda! Em Icaraí o mar vinha mais perto. Não havia tantos edifícios – essa selva de pedra –, as casas eram todas baixinhas.Gostei da cidade desde o primeiro momento e continuo gostando, até hoje. Sou um niteroiense de coração. Muita coisa mudou, é claro. Naquela época, do alto do morro do Monumento, a gente via os navios entrando na baía. E havia os bondes: o circular A e o circular B, o Avenida Sete, o Santa Rosa–Viradouro... A cada dez minutos, religiosamente, passava um. Tinha inclusive um bonde Salesiano.

Os bairros eram muito mais tranqüilos, tanto que nos ensaios da banda, quando saíamos pelas ruas, todo mundo olhava. Nas festas, em São Cristóvão e em Paquetá, tínhamos condução nos barcos da Marinha. Quem arranjava tudo era o doutor Romeu, pai do engenheiro Raimundo Romeu, ex-reitor da Universidade, da UFF. A banda tocava num programa da Rádio Nacional que ia ao ar aos sábados, das 19 às 22 horas; na Rádio Jornal do Brasil tocamos duas vezes. Era muito bom! Para participar nem precisava ser aluno, dava-se um jeito, inclusive no horário... Por isso é que para atender os meninos, às vezes, eu fico de manhã até tarde da noite!

O Colégio Salesianos é uma referência para essa cidade.

De fato o Colégio Salesianos marcou a vida de Niterói e de toda a população pobre de Santa Rosa, principalmente da gurizada do Morro do Cavalão. No tempo em que havia o internato, a disciplina severa tornava as coisas mais difíceis, mas depois as portas se abriram. Atualmente, à noite e nos fins de semana, a meninada toma conta dos pátios vazios – até seis times de futebol, jogando ao mesmo tempo.

ALUNOS DO COLÉGIO SALESIANOS DE RETORNO DO PASSEIO.
PRAIA DAS FLECHAS EM INÍCIOS DO SÉCULO XX.
FOTO COLÉGIO SALESIANOS.

O fim do internato acarretou mudanças no colégio.

De fato, e ele acabou em 1964, 1965. Mas para se ter uma idéia, quando eu cheguei a Niterói, havia uns 400 alunos internos e cerca de 250 externos. Os internos eram maioria. Atraídos pela fama do colégio, eles costumavam vir de Minas Gerais, do Ceará, de Pernambuco, de todo o país... Havia cinema e teatro no colégio. O pessoal saía pouco, mas gostava muito quando isso acontecia! E havia ainda a Escola Industrial Dom Bosco, onde se aprendiam ofícios como os de marceneiro, carpinteiro, mecânico, gráfico etc. Ao final do curso, de quatro anos, os alunos, vários oriundos do SAM - Serviço de Assistência ao Menor -, saíam com emprego garantido. Essa escola, tipo profissional, era bem antiga no Salesianos, e foi fechada durante os anos 1950, por aí. Quando eu vim para Niterói, tive a felicidade de ficar encarregado do refeitório, onde almoçava e jantava com as crianças internas. Acabamos estabelecendo um relacionamento fraternal e fizemos uma grande banda juntos. Entre as refeições e uma ou outra partida de futebol, a música foi ganhando espaço.

O senhor conseguia tirar os meninos do colégio graças à banda...

Eu queria evitar que os internos se sentissem muito sozinhos... Tocávamos em inaugurações de praças públicas e outros eventos da cidade. Graças ao apoio do diretor, a banda viajou pelo Estado do Rio todo, visitando Petrópolis, Resende, Barra Mansa, Friburgo, Cantagalo, Cordeiro. Hoje, muitos dos que estudaram comigo estão na Sinfônica Nacional – uns três ou quatro; na Sinfônica Brasileira – outros três; nas Sinfônicas de Brasília, de São Paulo; na Orquestra do Teatro Municipal do Rio de Janeiro; e até no exterior, na Sinfônica de Nápoles e na Filarmônica de Berlim. Sem falar nos que fazem parte das bandas da Marinha, do Corpo de Bombeiros, da Polícia Militar.

O Colégio Salesianos tem um carinho especial e justificado com sua banda. Ela é centenária, pois foi fundada em 1888 e continua firme e forte. Acredito que seja a mais antiga banda escolar do país.

E eu fico orgulhoso. Por isso, procuro sempre inovar, a fim de evitar confrontos e humilhações. Numa classe de clarinete com 18 meninos, ao invés de impor os exercícios do método, eu sugiro que eles tentem tocar certas melodias. O armário está cheio de lições diferentes com os mesmos mecanismos e graus equivalentes de dificuldade. Há músicas que se prestam a isso e agradam bastante. Uma delas é *Fascinação,* muito bonita, romântica... Eu explico que tocando a melodia, eles estão fazendo uma lição de método. É mais divertido, e também permite a aferição do potencial de cada um. Há maestros que apontam os alunos que estão aprendendo e os que não estão. Não se deve agir assim. Villa-Lobos dizia que a partir do aproveitamento inicial, seja qual for, o importante é criar estímulos à realização das virtudes dos estudantes; prestar atenção à psicologia do aluno. Alguns andam rápido, no começo, mas logo estacionam; outros custam a pegar, mas explodem depois. Nunca se pode ter certeza, de imediato, do que pode acontecer. Muita gente desiste por falta de incentivo. Isso ocorre na música, como em qualquer outra atividade na vida. Conheci um rapaz que começou a estudar prato, mas não tinha ritmo nenhum; trabalhamos intensamente, até que sugeri que passássemos para um instrumento de sopro. Hoje ele é o primeiro trompetista da Sinfônica de Brasília.

Que repertório da banda era da sua maior preferência?
Variava muito, de ano para ano. Colocando os álbuns nas estantes, eu observava quais eram as músicas preferidas dos alunos e fazia os arranjos: agradava sempre. Gosto muito de ser professor e nunca impus repertório – esperava pela escolha dos alunos. O samba costumava predominar, mas eles também gostavam muito de um arranjo que o maestro Galiardi fez para antigas músicas populares em ritmo de maxixe. E a banda sempre executou Ernesto Nazareth, Pixinguinha, Francisco Braga, e clássicos, como Villa-Lobos, Wagner, Beethoven. Temos uma biblioteca só de compositores e conversamos intensamente a respeito de todos eles. Os alunos , mesmo os mais jovens, estudam as suas vidas com grande interesse.

MESTRE DE UM JEITO DE VIVER

O senhor sempre ensinou música, somente música?
Não. Fui professor de matemática durante muitos anos, diplomado em São Paulo, onde fiz exame de habilitação e tirei um certificado. A falta de tempo me obrigou a parar, mas alguns teoremas me fascinam até hoje... E fiz um curso intensivo de Educação Física, em Goiânia, na década de 1960: três meses de aulas, inclusive de Anatomia, das sete da manhã às seis da tarde, de domingo a domingo. E um curso de ginástica olímpica, em Porto Alegre.
Na época, eu já me mudara para Niterói, e era comum que os colégios empregassem policiais e sargentos do Exército como professores de ginástica. Não havia gente formada em quantidade, e sem a didática apropriada esse pessoal comandava os exercícios, mecanicamente. Fui professor de Educação Física, no Salesianos, por 23 anos; e por 14 anos, no Colégio Estadual Hilário Ribeiro.

O COLÉGIO SALESIANOS FOI FUNDADO EM 1883 E MONTOU UMA ESCOLA PROFISSIONAL QUE FUNCIONOU POR DÉCADAS, SENDO FECHADA NOS ANOS 1950. ELA ERA FREQÜENTADA, PRINCIPALMENTE, POR MENINOS POBRES. NA FOTO, UMA IMAGEM DA SALA DE ARTES GRÁFICAS, ONDE OS ALUNOS FAZIAM CADERNOS E LIVROS, APRENDENDO TAMBÉM ENCADERNAÇÃO. FOTO COLÉGIO SALESIANOS.

A ginástica e a música foram muito incentivadas e se difundiram bastante nos anos 1940. Como é que o senhor vê essa relação?
A ginástica calistêmica, por exemplo, requer acompanhamento musical. Muita gente supõe que os exercícios destinados a acentuar não apenas o vigor, mas a beleza física, estejam fora de moda. Ao contrário, trata-se de uma modalidade olímpica, que nas academias se pratica com bastão ou halteres. Em dezembro deste ano de 2000, aqui no Salesianos, farei uma demonstração com rapazes e moças da quinta série – banda e ginástica calistêmica. Inclusive, porque o colégio não é mais só masculino: tem meninas. Foi uma mudança boa, que eu levei para a banda. Se eles podem conviver nas salas de aula, por que não poderiam na banda? Elas geralmente preferem instrumentos de sopro, tipo flauta, clarinete, e gostam do tamborim. E é bom para a disciplina dos meninos, porque eles não gostam de repreensão na frente das meninas, e vice-versa.

Professor de música e regente de banda, o senhor avaliava os alunos segundo os mesmos critérios?
Não, por critérios diferentes; foi para isso que eu fiz o Conservatório. Todavia, costumo exigir bom rendimento escolar dos integrantes da banda. Hoje em dia, o Colégio Salesianos só mantém aulas de Música no currículo das quintas séries, para crianças na faixa etária de 10 anos. Mas há um grande interesse. No momento, estou tentando atender à reivindicação de alguns alunos que pretendem estudar violino; estou precisando de uns nove ou dez instrumentos. Há outros que querem montar uma Orquestra de Câmara. O jovem gosta de música. As escolas podiam investir mais nesse potencial.

Sintetizando a sua experiência, mestre Afonso, o que seria mais importante trabalhar com os jovens?
Todo adolescente gosta de alguma forma de arte. Tem, inclusive, aptidão, embora só inconscientemente, talvez por falta de quem o oriente e o desperte. Tenho o hábito de lhes dizer que a música me alivia as tensões: gosto de destacar esse aspecto. Procuro também livrá-los do medo de uma apresentação danosa, recomendando que nem pensem em eventuais fracassos, mas tratem de dar o melhor de si e, ao mesmo tempo, acreditar no conjunto. Essa é a missão do professor: saber distinguir o individual e o coletivo, evitando comparações e estimulando sempre. É fácil perceber quando o aluno não está interessado e, a partir daí, identificar a área do seu interesse. Não se podem tratar todos da mesma maneira. Haverá sempre uma estratégia para cada um. E quando o método não atrair, tente-se a *Fascinação.*

Essa entrevista foi concedida a Angela de Castro Gomes, no Colégio Salesianos de Santa Rosa, em Niterói, nos dias 5 e 24 de abril de 2000. A transcrição foi de Carla Guedes Martins e a conferência de fidelidade e primeira edição estiveram a cargo de Angela de Castro Gomes. A edição final foi de Marcos Aarão Reis.

OS ALUNOS E A BANDA DO COLÉGIO
EM PASSEIO NA BARCA DA CANTAREIRA EM 1906.
FOTO COLÉGIO SALESIANOS.

TRAMPOLIM ICARAÍ - Década de 50

O TRAMPOLIM DA PRAIA DE ICARAÍ,
NA ALTURA DA RUA LOPES TROVÃO, NA DÉCADA DE 1950.
ELE FOI DEMOLIDO EM 1965 DEVIDO A ERRO NA ENGENHARIA
DE SUA CONSTRUÇÃO. FOTO ALMIRO BARAÚNA.

PALUCA, UM PERSONAGEM DE CINEMA

ENTREVISTA COM HÉLIO DE OLIVEIRA SILVA*

DA FAZENDA PARA O MAR

SOU HÉLIO DE OLIVEIRA SILVA. Nasci na cidade do Rio de Janeiro, num bairro chamado Méier, em 28 de maio de 1926, filho de Tomás Silva e Albertina Rosa de Oliveira Silva. Tive dois irmãos: Tomás José de Oliveira Silva e Ivone de Oliveira Silva Lobianco. Eu era o caçula. Meu pai tinha uma camisaria na Rua Ramalho Ortigão, mas isso não passava de um investimento; a vida toda ele trabalhou numa usina de açúcar.

Que usina era essa?

Usina Sampaio Correia, no município de Saquarema. A usina era mesmo de propriedade do Sampaio Correa, senador pela Paraíba. Meu pai era uma espécie de sócio, que fazia a administração geral. A empresa chegou a produzir 200.000 sacas de açúcar. Os dois eram amigos, tanto que o senador era compadre de papai – padrinho do meu irmão. Em 1930, quando a empresa foi vendida para um outro senador da República, Durval Cruz, de Sergipe, a administração passou para um engenheiro agrônomo, o doutor Armando Leite, também sergipano. Meu pai então se tornou uma espécie de supervisor da parte comercial.

E como era a vida na fazenda?

Eu nunca morei lá. Íamos sempre passar férias, somente isso. Na época, o que existia era um trabalho escravo, praticamente. Ninguém tinha carteira assinada, e os empregados não recebiam dinheiro, mas sim um cartão, no qual se anotavam os mantimentos que compravam na própria fazenda. Tinham uma casa com pequeno terreno, apenas isso. Durante toda minha infância, nas férias, viajávamos para lá no trem que saía da estação das Neves, em Niterói, às 7 horas da manhã. O trajeto todo, até a fazenda, demorava seis horas – uma aventura! Garoto ainda, com 12 para 13 anos, gostava de andar a cavalo, tomar banho de cachoeira, conviver com os meninos da vila...

Outras pessoas, também ligadas à usina, costumavam passar férias na fazenda?

Não. Só a nossa família e a família do administrador. Lembro-me de que ele mandou trazer muitos colonos de Sergipe, um dos quais dizia ter pertencido ao bando de Lampião – nós o chamávamos de Tenente. Era um homem rude, capaz de comer uma dúzia de ovos fritos. Mas contava histórias que nos encantavam! Naquele tempo, não havia luz elétrica na fazenda: à meia-noite, desligado o gerador, ficava um breu. Tudo era muito rudimentar: o rádio funcionava à base de cristal de galena.

Bem, mas o senhor nasceu no Rio. Por que se mudou para Niterói?

Foi a conselho do médico da nossa família, o doutor Monteiro de Castro. Eu sofria de umas convulsões, e ele achou que o melhor remédio seriam banhos de mar. Entre várias opções, papai escolheu Icaraí. Vim pequenino, com cerca de um ano e passamos um verão hospedados na Pensão Alberto, onde hoje funciona o Cinema Icaraí. Papai gostou. No ano seguinte, nos mudamos para uma casa na rua Álvares de Azevedo, número ímpar, se não me engano... 159.

Como era a Icaraí da sua infância?

Muito gostosa, bonita, tranqüila, sem perigo de assaltos. Tínhamos uma curriola, formada por uma porção de amigos; íamos à praia e brincávamos de escambida – uma espécie de pique – no Campo de São Bento. Pulávamos os muros das residências para apanhar frutas, mangas e jaca. Alguns moradores, como o desembargador Abel Magalhães, por exemplo, nem se incomodavam. No terreno da casa dele havia uma mangueira linda!

E o estudo?

Iniciei os estudos numa escola pública, pertinho de casa – a Escola Oito – na Rua Álvares de Azevedo, quase esquina com Tavares de Macedo. A diretora, dona Vidoca, e a professora, dona Alzira, me botavam para ajoelhar no milho, davam puxão de orelha, batiam com a régua... Atualmente, dizem que isso traumatiza a criança. Que nada! O único trauma de que me lembro, já na adolescência, foi a morte do Horus Santiago, um amigo que perdi, vitimado pelo câncer. Mas outros permaneceram – Abel, Berico, Marivove, Iara. Quando terminei a segunda série, meus pais me matricularam no Externato São Bento, na Rua Moreira César, 26, onde hoje existe um shopping. Um dia, o dono do colégio, Felipe Jogabbi, me surpreendeu, no horário das aulas, jogando bola de gude no Jardim de Icaraí, defronte ao prédio da UFF, e segurou no meu braço, querendo me arrastar à força. Aí eu finquei o pé, dei-lhe um empurrão e ele caiu sentado. Fui convidado a sair da escola, é óbvio.

Para cursar do admissão ao ginásio, entrei no Colégio Salesianos. Era semi-interno, ganhava lanche. Não era ruim. O problema eram os retiros... Eu acabei me rebelando contra aquela história de rezar até quatrocentas ave-marias, e o padre Lage, sujeito severíssimo, mandou chamar meus pais, e declarou que era melhor eu sair do colégio.

Quer dizer que o senhor foi praticamente expulso de dois colégios?

Pois é. Transferido para o colégio Plínio Leite – até então chamado Colégio Carvalho, pertencente à dona Estefânia Carvalho – fui também o primeiro aluno a ser suspenso pela nova direção. O prédio, na Rua Visconde de Uruguai, cresceu ao longo dos anos em que permaneci lá. Contudo, terminei mais uma vez sendo convidado a me retirar, e então ingressei no Liceu Nilo Peçanha. Mas aos 17 anos parei de estudar e, pouco depois, arranjei um emprego nos Correios. Um dia, o doutor Plínio Leite esbarrou comigo na rua, perguntou se eu estava estudando e insistiu para que eu voltasse às aulas. Assim, fui cursar o Científico em seu colégio, no turno da noite, devido ao trabalho. Terminei meus estudos com 19 para 20 anos.

Seus pais eram vivos e tinham uma boa situação. Trabalhar era mesmo necessário?

Ganhar meu próprio dinheiro tornava a vida mais fácil. Papai nunca necessitou que eu desse alguma contribuição financeira e mamãe sempre foi dona-de-casa. Eles brigavam comigo em virtude da minha rebeldia nos colégios, chamando atenção para o exemplo dos meus irmãos, ambos bem-comportados e estudiosos. Eu era a ovelha negra da família, mas íamos levando. O trabalho então foi bom.

A atividade nos Correios era pesada, mas não ininterrupta. Postalista, eu manipulava valores e separava a correspondência a ser distribuída pelos carteiros; trabalhava à noite, das seis da tarde às seis da manhã, e descansava praticamente dois dias, retomando a lida no final da tarde do terceiro dia. Tendo começado por volta de 1948, logo, só me aposentei em 1978.

Trabalhando e estudando, o senhor prestou serviço militar em clima de guerra...

Fiz o Tiro de Guerra, entre 1945 e 1946, no Praia Clube, uma modalidade de serviço militar que permitia prosseguir nos estudos. Na minha opinião, criada para facilitar a vida dos chamados filhinhos de papai. Era prestado à noite e, aos domingos, pela manhã. Quem cursasse alguma faculdade, ingressava no NPOR[1]. Aprendíamos a armar e a desarmar o fuzil, mas sem os pentes, reservados para os que estavam em combate, diziam os superiores. Mas talvez fosse, apenas, uma questão de segurança.

NADAR, SIM, MAS LONGE DOS PEIXES

Habituado ao mar desde cedo, quando é que o senhor aprendeu a nadar?

Aos sete anos de idade, em 1933, com o Gastão Figueiredo, instrutor do Clube de Regatas Icaraí. O conceito de natação mudou muito, mas, como não somos anfíbios, o segredo continua a ser o movimento respiratório. A pessoa aprende a aspirar fora d'água e soprar com o rosto submerso. O corpo relaxa e a flutuação advém, espontaneamente. Na época, o ensino era menos técnico – mais na base da prática. Ia aquele bando de meninos para a beira do mar e, dependendo das ressacas, a gente nadava ou não. Quando havia competição, treinávamos a cerca de 20m da praia, num espaço demarcado por pranchões, com 12m de largura e 25m de comprimento. O professor controlava o tempo, orientando e corrigindo a turma.

A primeira piscina, em Niterói, era particular, na residência dos Seabra, na Estrada Fróes. Íamos lá, de vez em quando. Mais tarde, foi construída a piscina do Caio Martins, e os adestramentos tornaram-se regulares. O Regatas conquistou sete campeonatos infanto-juvenis de natação, disputando com todos os clubes filiados à Federação Aquática do Rio de Janeiro.

É mais difícil nadar no mar ou na piscina?

A aprendizagem é mais difícil no mar, devido ao movimento das ondas e às correntezas. O desempenho depende da capacidade de equilíbrio. No entanto, na água da piscina, mais leve, a flutuação é mais difícil. No mar, a maior densidade da água facilita a flutuação. Eu enfrentava um problema sério, porque tenho horror a peixe! Embora a Baía da Guanabara não seja infestada de predadores, sempre temi um ataque. Jamais faria uma travessia de alto mar! Por mais ágil que seja o atleta, ele não chega à milésima parte de um peixe. Sinto muito medo, mesmo. Mas tornei-me um nadador e competi até completar 29 anos...

Na natação é que lhe deram o apelido de Paluca?

Não. Garoto, ainda, minha diversão preferida era ir ao cinema. A curriola freqüentava diversos deles: Royal, Imperial, Odeon, Rio

HÉLIO, O PALUCA, EM PÉ, AO CENTRO DO GRUPO DE ATLETAS DO CLUBE REGATAS ICARAÍ. ANOS 1940.

PALUCA, À ESQUERDA,
COM SEUS COLEGAS DE NATAÇÃO. ANOS 1940.

Branco e Rink. O Icaraí e o São Bento são posteriores. Nos filmes de aventuras, que adorávamos, Mickey Rooney costumava contracenar com um mulatinho, Paul Lucas. Como sempre fui muito moreno, o apelido colou. Paul Lucas, Paluca... No clube e na escola, todos me chamavam assim. Hélio, só para os familiares.

Natação, trabalho, estudo... era muita atividade, não?

Meus 20 anos foram uma idade memorável. Terminei o curso colegial, disputei uma Olimpíada[2], comecei a trabalhar e a me preparar para entrar na faculdade. O Direito me atraiu pela facilidade aparente do curso. Meus pais faziam muita questão de que eu estudasse. Tomás, meu irmão, já era advogado e Ivone estava cursando a então Faculdade Nacional de Filosofia, para tornar-se professora de Línguas Neolatinas. Aplicado, apesar do mau comportamento, passei sem maiores problemas, mas acabei trancando a matrícula e ingressando na Faculdade de Educação Física. Gostava de esportes e preferi o magistério à advocacia.

A escola era uma novidade, nessa época...

Pois é verdade. A educação física nasceu no Exército. Os professores que fundaram a Faculdade de Educação Física eram todos oriundos das forças armadas. Eles é que assumiram as aulas práticas, muito puxadas. As demais matérias – traumatologia, fisiologia, cinesiologia e primeiros socorros – ficaram a cargo de outros profissionais, médicos e engenheiros. A faculdade era muito boa e o estudo teórico era de grande qualidade e enorme utilidade. A cinesiologia, por exemplo, estuda os movimentos do corpo. O chute do jogador de futebol; a braçada do nadador; o soco do lutador de boxe; o arremesso do dardo ou do peso; os diversos saltos – tudo isso é baseado no princípio da alavanca. O professor não pode ignorar esse conhecimento. O atleta precisa, inclusive, estar orientado do ponto de vista psicológico.

Do Exército, segundo me lembro, eram professores o Alfredo Colombo, que dirigiu o Departamento Nacional de Educação Física, do Ministério da Educação; o Paulo Amaral, que se envolveu com a seleção brasileira de futebol; o La Torre, o Oswaldo Gonçalves etc. Além desses, Fracaroli ensinava cinesiologia; Inesil Pena Marinho foi um ótimo professor de Metodologia da Educação Física; Accioly dava História da Educação Física; Queirós dava Psicologia da Educação Física. O curso durava três anos, e havia mais um ano de especialização.

O senhor praticava algum outro esporte, além da natação?

Antes da natação pratiquei um pouco de basquete. Por isso, fiz especialização em basquete e natação. Eram estudos mais aprofundados, incluindo técnicas e táticas desportivas, por exemplo.

Quantos alunos havia na sua turma?

De início, cerca de duzentos; mas se formaram pouco mais de cem - mulheres, na maioria. Os homens eram uns quarenta. Isso porque, para entrar na faculdade, bastava o ginasial completo – atual primeiro grau – e dadas as facilidades da época, muitas moças do Instituto de Educação e da Escola Carmela Dutra cur-

ATLETAS DO CLUBE REGATAS ICARAÍ

NA QUADRA POLIVALENTE DO ESTÁDIO CAIO MARTINS.

ANOS 1950.

savam, simultaneamente, o Normal, de manhã, e a Educação Física, à tarde e à noite. Em geral, elas se dedicavam às técnicas desportivas, porque gostavam muito de ginástica rítmica. Dificilmente se via uma técnica de basquete, de futebol ou de vôlei. Muitas também se preparavam para desenvolver atividades de recreação: nas escolas e em colônias de férias, por exemplo. Foi nos próprios colégios que elas começaram a se dedicar aos esportes, principalmente, ao vôlei feminino. E é bom lembrar que eram as mulheres que davam aulas para meninas.

E os homens?

Bem, nossos principais mercados de trabalho eram os colégios e os clubes, que exigiam experiência profissional. Sem currículo no atletismo, o jovem formando, para trabalhar em um clube, precisava se 'encostar' em um técnico experiente, a fim de galgar algum posto.

SÓ PARTICIPAR JÁ VALIA

Já existia atletismo profissional?

Veladamente, sim. Depois, com o tempo, o profissionalismo se impôs. Recentemente, o Vasco contratou uma nadadora holandesa, Inge Drujin, que bateu o recorde mundial dos 50m, nado livre, numa piscina do Rio. Não tenho a menor idéia de quanto ela ganha, mas deve ser muito bem. Certa vez, o Carlito Rocha[3] me chamou para o Botafogo. Não fui. Estava recém-formado, e a minha experiência era de amador. Com a manhã ocupada pelos estudos na faculdade, eu tinha pouco tempo para treinar, mas, ainda assim, nadava no Caio Martins[4], cinco horas, diariamente. Era considerado bom. Hoje, com a idade que tenho, faço um pouco menos. Para se ver a diferença. Naquela época, se o atleta nadasse 3.000m seria ótimo; atualmente, nadam-se 10.000m todo dia!

Quem o orientava nos treinamentos?

Tive vários treinadores, todos muito importantes. Gastão Figueiredo, meu primeiro professor, e depois dele, Cavalcanti e Tobias Melo Machado. Para as Olimpíadas, treinei com o Aírton Corrêa. Nas competições internacionais, com o Cachimbal e muitos outros. Em 1951, quando já estava prestes a encerrar a minha trajetória de nadador, o clube contratou um técnico japonês. Oficialmente, parei de nadar no ano seguinte, pouco depois de voltar das Olimpíadas de Helsink – onde não cheguei a me classificar.

Como se dava a escolha dos atletas que iam às Olimpíadas?

Exatamente da mesma forma que hoje: por eliminatória. Para garantir a participação, o atleta deve cumprir um índice determinado. As principais competições aconteciam na piscina do Clube Guanabara, no Rio. Vinham nadadores de clubes diferentes e de vários estados do Brasil. Minha modalidade era o nado de costas – 100 metros. Nossa delegação tinha cerca de cem pessoas, incluindo pessoal de boxe, natação, basquete, diversas modalidades de atletismo, hipismo, tiro etc.

EQUIPE DE ATLETAS DO CLUBE REGATAS DE ICARAÍ,
COM SEUS UNIFORMES DE COMPETIÇÃO. PALUCA É O QUARTO RAPAZ
SENTADO, DA ESQUERDA PARA A DIREITA. ANOS 1940.

Minha primeira Olimpíada foi a de 1948, como disse. Realizada logo após o término da Segunda Guerra Mundial, com os povos traumatizados e a Inglaterra devastada; acredito que tenha sido das piores Olimpíadas de todos os tempos. Ficamos concentrados durante todo o mês de agosto – era verão – num campo de operações da Real Força Aérea. Não sei de onde veio o dinheiro, mas cada atleta recebeu uma ajuda de custo no valor de 100 libras. Com a moeda inglesa cotada a 80 cruzeiros, foi uma quantia modesta. Felizmente, meu pai me deu outras 500 libras, e o Regatas também ajudou um pouco.

Qual era a equipe de natação em 1948?

Dos que me lembro, Edite Groba – ela e a Piedade Coutinho eram as que eu mais admirava – Sérgio Rodrigues, Talita Rodrigues, Willie Otto Jordan, Maria Angélica Leão Feitosa, Plauto Guimarães, Silvano Cemin. Tivemos, apesar de tudo, uma boa participação. Se não me engano, no nado livre, a equipe feminina chegou à final do revezamento 4x100, e a Piedade tirou 6º lugar, nos 400m. Nos 200m, nado de peito, o Willy Otto foi à final. A prova que disputei, até a semifinal, foi vencida por um nadador norte-americano, Alan Steick, um grandalhão que marcou o tempo de um minuto e dois segundos. Imagine!... Um segundo além do recorde brasileiro. Mas Alan Ford, recordista mundial, marcara 55 segundos! Sete segundos abaixo da marca olímpica! Houve atletas que decepcionaram. Um francês, Alex Dejani, detentor de vários recordes na sua modalidade, não ganhou nada.

Na realidade, a simples presença valia muito, independentemente de premiação. Nosso esporte ainda carecia de conhecimentos elementares. Hoje em dia, temos atletas de primeiro mundo. O recorde brasileiro para os 100 metros, nado livre, está entre 48 e 49 segundos – o mundial é de 46 ou 47. O problema são as condições de treinamento, que deixam a desejar. Em 1948, competimos com atletas de nível superior ao nosso e, embora a Olimpíada tenha sido fraca, fiquei muito impressionado. A começar pela cerimônia de abertura, pela quantidade de atletas e principalmente pelo congraçamento. A entrada das bandeiras, os hinos de todos os países... Ausentes, como é compreensível, somente, a Alemanha, o Japão e a Rússia. Até a Itália participou. Os italianos nos venceram no pólo aquático. Não esqueço.

O que o senhor achou de Londres?

A base onde nos alojaram situava-se em West Payton, distante de Londres; assim como Petrópolis do Rio. As provas eram disputadas em Wembley. Os sinais da guerra estavam presentes em inúmeros prédios escorados. Fomos recebidos pelo rei George[5], visitamos o museu de cera[6], o Jardim Zoológico, o Green Park e o Hyde Park. E algumas boates, também.

Em 1949 houve um campeonato sul-americano, no Uruguai...

Mas o primeiro sul-americano que disputei foi em 1941, no Chile. Era um garoto, nem me classifiquei. Depois disso, participei de dois na Argentina, um no Uruguai e um no Peru. Em Buenos Aires, só não disputei a final porque peguei uma pneumonia e não competi. Venci no Uruguai, em 1949, batendo inclusive o Mário Chavez, um argentino que ficara em 4º lugar, em Londres. E fui vice-campeão nos 200m e nos 400m. Sempre no nado de costas. Quer dizer, os anos 1940 foram bons para mim. Fui Campeão Brasileiro de natação três vezes – em 1946, 1947 e 1949 –, e fui Campeão Sul-Americano em 1949.

Que vitória o marcou mais?

Puxa vida!... Todas foram importantes... Mas acredito que tenha sido essa, em Montevidéu. Havia um nadador brasileiro, atleta do Fluminense, que não perdia uma prova há onze anos. Chamava-se Paulo Milimissense da Fonseca e Silva – uma pessoa extraordinária, até hoje é meu amigo. Pouco antes da largada, ele saiu da raia e veio me cumprimentar, dizendo que não sabia por quanto tempo, ainda, seria capaz de me vencer. De fato, fui o primeiro, na América do Sul, a vencê-lo. O seu gesto foi para me incentivar. E eu dediquei a vitória a ele.

E em Helsink, qual foi o desempenho dos nossos nadadores? As condições de organização melhoraram?

O desfile foi uma beleza ainda maior, e nossos alojamentos também melhoraram muito. O grande destaque da natação ficou por conta do Tetsuo Okamoto, o chamado 'peixe-voador', que ganhou medalha de bronze nos 1.500m, nado livre. A equipe mostrou ter avançado, de 1948 para 1952. E em termos de delegação, tivemos a primeira vitória do Ademar Ferreira da Silva, recordista mundial de salto triplo. Durante as provas classificatórias e na final, ele quebrou a sua própria marca quatro vezes! Ganhou medalha de ouro. O público o aplaudiu de pé, exigindo que desse a volta no estádio. Consta que se criou assim a volta olímpica.

A imprensa dava alguma cobertura?

Muito pouca. Somente algumas linhas, no noticiário dos jornais do Rio, onde nosso espaço era reduzido. O pessoal do subúrbio corria por fora... Muito embora o Clube Regatas Icaraí se rivalizasse com o Fluminense, hegemônico na natação, durante vários anos. Mas não na categoria infanto-juvenil! Nela, conquistamos sete campeonatos, batendo o Fluminense, o Tijuca, o Botafogo e o Guanabara.

Vencedor de tantos campeonatos, o senhor decidiu parar de nadar por alguma razão especial?

Aos vinte e nove anos eu estava velho para o esporte. E a natação tomava um tempo demasiado. Concluído o curso de Educação Física, tinha que cuidar da minha vida. De início, dediquei-me à equipe infanto-juvenil do Regatas Icaraí, como auxiliar do técnico Wellington Corrêa. Depois, treinei a equipe iniciante de basquete, que venceu os campeonatos municipal e estadual. Foi quando, chamado pelo Kanela, fui para o Flamengo; e levando comigo dois atletas de Niterói, o Ari e o Antônio Iebi. Aí sim, na condição de profissional.

MAIS TÍTULOS... NO BASQUETE

Como o senhor foi ser técnico de basquete?

Bem, meu trabalho no Flamengo não durou muito. Aprendi bastante com o Kanela, já então um técnico conhecido e respeitado. Mas tendo recebido um convite do Sírio e Libanês, mudei de clube. O Sírio possuía o segundo time de basquete do Rio, e um dos três melhores do Brasil. Ganhamos o Torneio Início numa partida contra o Flamengo, e apesar disso me substituíram. Foi uma covardia, uma frustação. Desgostoso, resolvi me afastar dos clubes e ser professor de atletismo, na Escola Naval.

Na Marinha, conquistamos diversos campeonatos de basquete contra as equipes do Exército e da Aeronáutica. E um sul-americano militar, no Peru, para o qual treinei os times das três Armas. Dois anos depois, em Buenos Aires, o Brasil foi vice-campeão. Fui então professor de natação e o único civil a dirigir o Departamento de Educação Física da Escola Naval. Me aposentei por lá com 32 anos de serviço.

Mas o senhor também trabalhou na UFF...

A minha história na UFF tem dois capítulos, por assim dizer. Ao criar a Universidade – unificando uma série de escolas isoladas – Medicina, Odontologia, Farmácia, Veterinária, Direito – o reitor Baeta Neves indagou se eu poderia organizar a Escola de Educação Física. Elaborei um plano e entreguei a ele, imaginando que isso o satisfaria. Mas não satisfez e ele me requisitou da Escola Naval. O então diretor, o almirante Brígido Tinoco, facilitou a transferência, mesmo sem qualquer ordem ministerial. Participei assim de duas Olimpíadas Universitárias. Na época, pouco depois de 1964, os reitores temiam a infiltração de elementos subversivos, e eu ouvia recomendações para estar atento. Mas como poderia garantir que os atletas não se envolveriam em questões políticas? Felizmente, nunca houve problema de espécie alguma com os rapazes. Comigo sim. Um belo dia, dando pela minha falta na Escola Naval, o diretor do Departamento de Educação Física constatou a irregularidade da situação em que eu me encontrava. Resumindo, querendo me beneficiar, o Brígido Tinoco quase me faz perder o emprego. Por sorte, o ministro da Marinha, Augusto Rademaker, fora meu padrinho de casamento, convidado pela Marli. Graças a isso, consegui acertar os ponteiros e retornei à Escola Naval, deixando a UFF.

Esse foi o primeiro capítulo. E o segundo?

No ano seguinte, a UFF abriu concurso para professor com carga horária de vinte horas. Nessas condições, pude acumular os dois cargos. Quando assumi o Departamento de Educação Física da Escola Naval, onde era exigida dedicação exclusiva, pedi licença da UFF. Ao me aposentar na Escola Naval, passei a dar dedicação exclusiva à Universidade. O fim da história é que me aposentei por ambas as escolas.

Na UFF, optamos pela montagem de um Departamento, vinculado ao Centro de Estudos Gerais, ao invés de criar uma Faculdade. A oferta de cursos era excessiva. Existia nas duas universidades públicas do Rio, a UFRJ e a UERJ, e em três particulares da região: a Gama Filho, a Castelo Branco e a Maria Tereza. Isso tornava o mercado saturado. Tanto que a freqüência às aulas, antes obrigatória, hoje é optativa.

Sua ligação com o Clube Regatas Icaraí nunca deixou de existir...

Fui atleta amador, técnico de natação, diretor de basquete, vice-presidente, exerci a presidência, como interino, tornei-me conselheiro nato e, atualmente, voltei a ser vice-presidente. O Regatas ainda desfruta de uma posição de grande importância na sociedade niteroiense. Há quem se orgulhe disso, embora os clubes, para as gerações atuais, tenham perdido um pouco do antigo prestígio.

Também não temos mais remo. No passado, gente do Vasco, do Flamengo e do Botafogo vinha remar aqui, na praia, defronte à sede, e no Saco de São Francisco. Hoje, só se rema na Lagoa Rodrigo de Freitas, e o clube não tem condições de deslocar equipes até lá. Entretanto, a rapaziada está interessada, tanto que a secretaria do clube mantém uma lista de cinqüenta moços dispostos a remar, aguardando apenas que o clube lhes assegure condições. Imagine!... Nem segurança para atravessar a rua podemos garantir. Pedimos, mas não conseguimos que a Prefeitura instalasse um sinal luminoso. Até entendo o porquê: uma questão de retenção de trânsito. De qualquer forma, para nós, fica a impossibilidade...

Niterói hoje é outra cidade...

É verdade. Antes, nem tudo era fácil, mas era muito bom. Como nos divertíamos! Mário Braga, Tinoco, Manuel Segadas Viana, Mário Inneco – esse morreu rico, armador, dono de uma casa na Suíça. Todos da curriola: Paulo e Roberto Damasceno, Luisinho Oliveira, Francisco Nilo Peçanha... Lembro-me de que em certa ocasião, na véspera de uma festa junina, organizada pelos moradores das ruas Mariz e Barros e Osvaldo Cruz, de madrugada, levamos um galão de gasolina e tocamos fogo na enorme fogueira que tinham armado na areia da praia. Foi uma loucura! De outra feita, decidimos fazer uma pilhéria com um remador amigo nosso, um sujeito que tinha um sono pesadíssimo e costumava dormir nu, coberto apenas por um lençol. Antes do dia raiar, levamos sua cama para o meio da rua e a pusemos em cima dos trilhos do bonde. Quando o veículo surgiu e o motorneiro começou a dar insistentemente o sinal, ele acordou esbaforido, e saiu correndo nu, para dentro do clube. Brincadeiras inocentes, assim, causavam o maior escândalo! Um tempo maravilhoso...

[*] Essa entrevista foi realizada por Angela de Castro Gomes e Juliana Carneiro, em 12 de junho de 2000, no Clube Regatas Icaraí, em Niterói. A transcrição foi de Maurício Vasques e a conferência de fidelidade e primeira edição do texto foram de Angela de Castro Gomes. A edição final esteve a cargo de Marcos Aarão Reis.

[1] Núcleo de Preparação de Oficiais da Reserva.

[2] As Olimpíadas de 1948 foram realizadas em Londres, na Inglaterra. Foram as primeiras após a Segunda Guerra Mundial.

[3] Carlito Rocha, folclórico presidente do Botafogo de Futebol e Regatas.

[4] O Estádio do Caio Martins foi inaugurado em 1940.

[5] George VI, pai da atual Rainha Elizabeth II.

[6] Provavelmente, o famoso Museu de Cera de Madame Thoussaud.

BAILE NO SALÃO DO CLUBE REGATAS ICARAÍ.
ANOS 1950.

CARLOS RUAS TRABALHANDO
NO JORNAL *O FLUMINENSE*,
ANOS 1990.

O GENTLEMAN DE NITERÓI

ENTREVISTA COM CARLOS RUAS*

DUAS PÁTRIAS

SOU CARLOS DA SILVEIRA RUAS. Nasci aos 17 de agosto de 1927, num sobrado da Rua Evaristo da Veiga nº 22, entre a Lapa e o Teatro Municipal, filho de Alfredo Carneiro Ruas e de Olímpia da Silveira. Meu pai era de Santo Tirso, uma pequena vila situada na região vinícola a 30km da cidade do Porto. Terra muito pobre, na época, mas uma das mais lindas de Portugal. Ele veio para o Brasil no início do século XX, para 'defender o dele' e, felizmente, conseguiu. Ao desposar meu pai, aqui no Brasil, minha mãe tinha uma filha de um casamento anterior; depois nascemos eu e meu irmão mais velho, o Alfredo, já falecido.

Seu pai vivia da terra?

Possuía uma quinta e produzia cerca de 35 pipas de vinho – cada pipa tinha 500 litros – além de uma pequena lavoura, e vivia razoavelmente. Mesmo assim, pensando em melhorar, ele migra. Empregado como caixeiro-viajante da Casa Vesúvio, sempre levando minha mãe, eles percorrem o país inteiro, tanto que meu irmão nasceu em Ribeirão Preto, um ano antes de mim. Tínhamos 4 e 3 anos, respectivamente, quando ela morreu, em conseqüência de uma injeção deteriorada. Decidido que seríamos criados junto à sua família, meu pai retorna a Portugal, deixando como seu procurador um amigo, o Alfredo Miranda, dono da Casa Miranda, uma papelaria localizada naquele endereço em que nasci. Ele também era proprietário de uma vidraçaria, na mesma rua, e de uma loja de peças de automóvel, na Praça dos Arcos. Esse homem era meu padrinho.

Pois então você foi se criar em Portugal...

As lembranças que guardei da infância são muito boas, agradáveis, felizes, cheias de saudades do meu pai... Com o que ganhara no Brasil ele se tornou um *bon-vivant*. Costumava comprar feijão preto e cachaça, trazidos pelos navios que aportavam em Leixões, porto próximo à cidade do Porto.

ALFREDO CARNEIRO RUAS, PAI DE CARLOS RUAS,
COM SEU UNIFORME DO VASCO DA GAMA. ANOS 1920.

Com isso, promovia verdadeiras "festas brasileiras" num salão enorme da casa em que residíamos. Servia feijoada e colocava discos de 78 rotações numa daquelas vitrolas antigas de dar corda, músicas de Carnaval, tipo 'Mamãe eu quero', e outras mais, enquanto a caninha corria solta. Era o máximo!...

Como é que seu pai sustentava a família?

Mais ou menos aposentado, ele vivia em função do vinho e das rendas que recebia do Brasil, provenientes de aluguéis de dois prédios e uma pequena vila de casas, no Catete. Um dos imóveis ocupava o terreno onde hoje fica a agência do Banco do Brasil e o Clube Bola Preta, na esquina de Treze de Maio com Evaristo da Veiga. Acabou sendo desapropriado pela Prefeitura, mediante uma bagatela. Na verdade, de início levávamos uma vida de rico, chamados pelo diminutivo, como é hábito entre as famílias mais abastadas de Portugal... Carlinhos e Alfredinho, filhos do senhor Ruas, dono de um prestígio danado no local. Muito simpático, meu pai se relacionava bem como todo mundo. Ele tinha três paixões na vida: a família, a caça e o motociclismo. Terá sido talvez o primeiro a ter uma motocicleta em Santo Tirso, uma BMW alemã. Nas horas vagas, distraía-se com artesanato. Montou uma oficina, trabalhava no torno, fabricando pequenas peças de madeira, vasos, peão para a criançada.

Você recebeu educação religiosa?

Minha segunda mãe, dona Maria Barbosa, seguia os preceitos

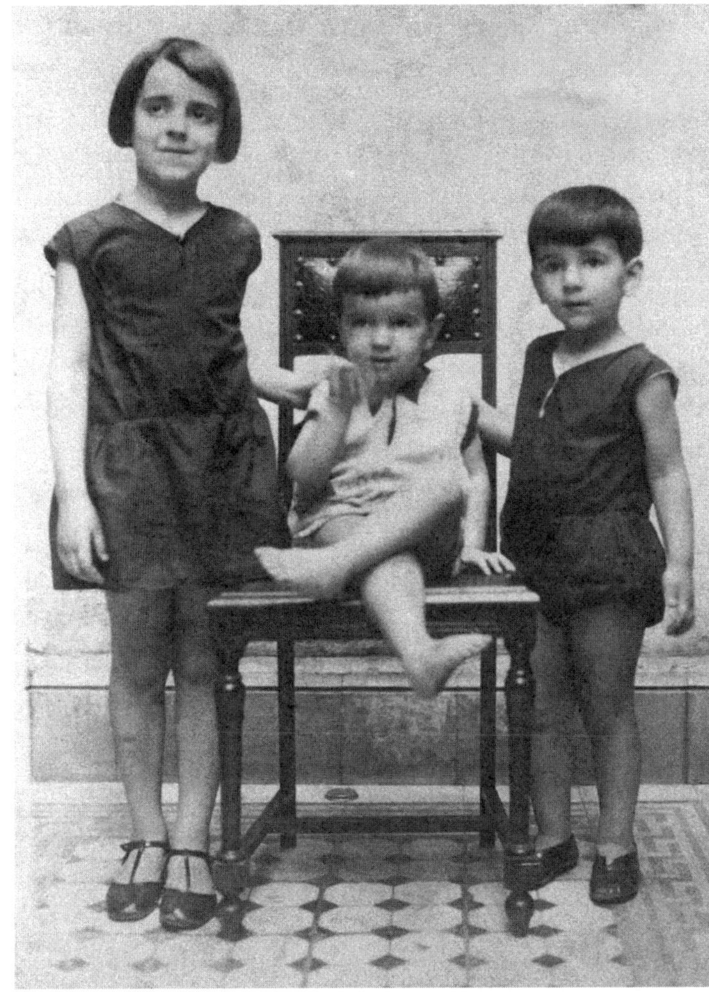

CARLOS RUAS, LADEADO POR SUA IRMÃ POR PARTE DE MÃE, OLÍMPIA, E SEU IRMÃO, ALFREDO. RIO DE JANEIRO, 1928.

da religião católica e nos levava à missa; eu e meus irmãos fizemos a Primeira Comunhão. Naquela época de ditadura, os padres é que mandavam na vila. Tinham uma força incrível. Não só religiosa, mas política, graças sobretudo à delação. Conheciam a vida de todo mundo e não guardavam segredo... Ateu, meu pai não freqüentava a igreja, mas como tinha muito dinheiro e convidava os padres para as festas, não era incomodado. Ele costumava ser procurado como uma espécie de conselheiro, orientava as pessoas sobre questões legais e também tinha alguma influência política. De cada cem pessoas, setenta tinham parentes no Brasil. Depois é que a imigração se desviou para os Estados Unidos, a Alemanha, a França e outros países europeus.

A Segunda Guerra influenciou a vida da família?

Sim. Eu me lembro quando os jornais noticiaram que a Alemanha atacaria Portugal, e o governo de Salazar mandou proteger os edifícios históricos e os monumentos com sacos de areia. Decretou-se o blecaute e os vidros foram cobertos com esparadrapo para não estilhaçar. Os automóveis transitavam com os faróis pintados de azul-escuro, deixando só um buraquinho no centro, para passar a luz. Por isso, quase fui atropelado. Numa noite, um carro chegou a me tocar, caí, mas não me machuquei... Houve racionamento: tantos quilos de arroz, tantos de feijão, por semana, anotados numa caderneta. Lá em casa ouvíamos os programas de rádio transmitidos pelos aliados. Meu pai, antinazista ferrenho, admirava os ingleses, e eu também, apesar da idade. Torcia pela famosa Royal Air Force; usava um distintivo da RAF, na lapela.

A propaganda do regime salazarista era muito intensa?

Demais. Eu diria, fantástica. Na escola, Salazar era o pai, a mãe, o mestre... A foto dele estava obrigatoriamente em todas as paredes. Tínhamos uma aula de civismo, cujo currículo se desenvolvia em torno da sua figura. A Mocidade Portuguesa imitava a Juventude Nazista – eu ainda não tinha idade para ingressar nela, felizmente. Salazar demonstrou um jogo de cintura muito grande. Tradicional aliado da Inglaterra, conseguiu manter-se neutro, tal qual o generalíssimo Franco, e enviava minério aos alemães, através da Espanha. Mas, enfim, nós recebíamos toneladas de propaganda. Tudo de graça! Mais do que jornais, chegavam às nossas mãos revistas impressas em português e muito bem-feitas, do ponto de vista gráfico, cheias de fotografias de paradas, soldados marchando, tanques, os céus cobertos de aviões, uma quantidade enorme de material bélico. Tanto alemães quanto inglesas, rivalizando entre si na demonstração de força.

Importava-se muito material e pessoas vinham do exterior para trabalhar nos serviços de propaganda, nas rádios, inclusive. Dedicados a isso, brasileiros e portugueses viajavam para a Rússia, para a Alemanha e para a Inglaterra. Havia programas radiofônicos clandestinos que ouvíamos de preferência aos oficiais, embora correndo o risco de prisão.

Até que idade você permaneceu na aldeia?

Vivi em Santo Tirso até os onze anos. Lá fiz o curso primário. Depois fui para o Porto, onde até os 17 trabalhava de dia, como garçom, no Café do Álvaro, e estudava à noite, na Escola Comercial Mouzinho da Silveira. Sempre fui escrupuloso, com um amor próprio muito grande, e me custava pedir dinheiro a papai. Por outro lado, dado o declínio da receita paterna, o trabalho me garantia um dinheirinho e uma relativa independência. Queria ser contador, mas não me lembro até que ano cursei. Quando voltei para o Brasil tratei de prosseguir nos estudos, e ingressei numa escola comercial, na Praça XV, naquele prédio histórico, onde fica a Universidade Cândido Mendes.

Até seu pai se casar de novo quem cuidava de vocês?

Durante muito tempo éramos só nós três e os empregados. Foi de um casal de domésticos que ganhei o primeiro cigarro que fumei... A segunda esposa de meu pai - dona Maria Barbosa - era uma senhora muito bem relacionada em Santo Tirso, e tão boa conosco que jamais a tratei como madrasta. Teve três filhos com meu pai, todos homens: Antero – que ain-

CARLOS RUAS, SUA ESPOSA, LISAURA, E SUA FILHA, CRISTINA, EM FESTA NA EMBAIXADA DE PORTUGAL. RIO DE JANEIRO, ANOS 1970.

da mantém a antiga vidraçaria do Alfredo Miranda, na Evaristo da Veiga; César – que vive na França, onde ganhou muito dinheiro; e Adriano – representante de lingerie, mora no Porto. Minha irmã, fruto do primeiro casamento de minha mãe, dona Olímpia, foi criada por minha avó materna. Ela nunca se aproximou de nós, e acabamos perdendo o contato.

Quando você voltou para o Brasil?

Voltei com meu pai, em 1946, a bordo de um grande navio inglês. Ele queria encerrar seus negócios no Brasil e, de fato, pouco depois retornou a Portugal. A história foi a seguinte... Quando atingi a maioridade, querendo evitar o serviço militar, paguei uma taxa e me livrei da obrigação. Caso contrário, teria de passar dois anos numa das possessões portuguesas na África, Angola ou Moçambique; ou no Extremo Oriente. Se hoje, conquistada a independência, Angola, Moçambique e Timor Leste são lugares difíceis, imagina nos anos 1940! Mas fui obrigado a sair de Portugal. Para isso, tirei dois passaportes, um português, para entrar no navio, que guardo como recordação, e um brasileiro, com que desembarquei e obtive toda a minha documentação. Sou portanto duas vezes brasileiro, por nascimento e por opção. Meu irmão mais velho viera uns dois anos antes, pela mesma razão. O Alfredo era 'doidão', capaz de dar a roupa do corpo a alguém com frio, ou um tiro num sujeito que lhe parecesse merecedor. Botava dois dedos na tomada e estendia a mão a um amigo, só de brincadeira... não sentia dor. Ao longo da vida enfrentou diversas situações incríveis.

Que imagem você fazia do Brasil, antes de chegar?

Tinha verdadeira fixação pelo Brasil, muita vontade de voltar à minha terra. Só ouvia coisas boas do país. Para o meu pai, isso aqui era uma terra de sonhos, uma maravilha. Não havia nada igual! Ele contava que fora campeão de natação pelo Vasco da Gama, praticara tiro; nas viagens, carregava uma espingarda francesa, era bom caçador. Como autônomo, ganhava comissões e tinha ótimos clientes. Ele adorou a viagem de volta. Meu padrinho e meu irmão nos esperavam no cais. Arranjei trabalho na papelaria e fui morar com Alfredo, na Ladeira de Santa Teresa, num quarto com banheiro próprio, alugado por uma senhora irmã do Procópio Ferreira, aquele famoso ator de teatro; o pai da Bibi Ferreira. Seis meses depois retomei os estudos.

O que você achou do Brasil, naquele primeiro momento, em 1946?

Meu padrinho nos levou de carro aos lugares mais bonitos e pitorescos da cidade. Foi um impacto! Uma coisa é ouvir falar da entrada na baía, do Pão de Açúcar, do morro da Urca, da Praça XV, da Lapa, do Alto da Boa Vista... Ao chegar constatei que trocara um país atrasado, onde trabalho e diversão eram difíceis, por um país muito mais adiantado. O Porto, em seu estilo francês, populoso, comercial e industrialmente ativo, não se comparava ao Rio de Janeiro, meio colonial, meio art noveau, mas já ostentando as primeiras construções modernas.

E você nunca mais voltou a Portugal?

Em 1950, sofri um pneumotórax espontâneo. Temeroso de que o mal se agravasse, meu padrinho pagou a viagem de volta. 'Vá se curar em Portugal', ele disse. Fiquei seis meses hospedado em casa de meu pai, aos cuidados de minha segunda mãe. Eu sentia peninha dela, porque ciente do quanto eu gostava de banana, fazia tudo para encontrar... Só que em Portugal era muito difícil. Quando eles se casaram, eu devia ter uns seis anos, no máximo, e ela sempre nos deu uma atenção especial, mesmo depois de ter os outros três filhos. Preocupada em demonstrar que não havia diferença, tratava de mim e de meu irmão melhor ainda que dos próprios filhos.

Você trabalhava, estudava e... que mais?

Trabalhava das 8 às 19 horas e não cheguei a concluir o curso... Fiz um ano só, era muito cansativo. O jeito foi me tornar autodidata. Meu pai me infundira o gosto pela fotografia, e graças à ajuda de um amigo, empregado na Kodak, que me fornecia os filmes a preços especiais, comecei a brincar de tirar fotos. Nos fins de semana, participando de excursões promovidas pelo Serviço Social do Comércio, SESC, às cidades serranas, fotografava os grupos e cobrava pelo serviço. Deu certo.

Mas você acabou se estabelecendo, abriu uma loja...

Esse meu amigo, Henrique, arranjou uma namorada em Niterói, e eu cruzava a baía com ele, porque me apaixonei pela irmã da moça, uma loura linda de morrer... Ele namorava a morena e eu

LOJA DE FOTOGRAFIA DE CARLOS RUAS EM NITERÓI, NOS MEADOS DOS ANOS 1950.

a loura. Decididos a melhorar de vida, resolvemos montar uma loja de revelações, em Niterói. Ele continuou na Kodak, garantindo a retaguarda, e eu saí da Casa Miranda. Montamos o negócio numa garagem, na esquina da Rua Barros com Domingues de Sá, e eu me mudei para um apartamento grande no Edifício Araribóia, um prédio misto, situado na Amaral Peixoto, 55. Cozinha enorme, dependências de empregada, área de serviço. Foi quando conheci o Pedro De Plá, cujo laboratório funcionava no mesmo local. A única diferença entre nós é que ele ficou rico e eu não, mas a nossa amizade vem desde esse tempo. Eu tinha, então, uns 25 anos. Tentei fazer fotos de formatura, mas alguns formandos eram feios pr'a burro, e os quadros davam um trabalhão... desisti. Fui fotografar festas de clubes, casamentos, aniversários; a loja cresceu, montamos um estúdio.

E o noivado?

O noivado com a loura – ela se chamava Edna – durou sete anos. Mas quando conheci a minha mulher, em três meses estávamos casados. Ela passava as férias em casa da irmã, que residia na Rua Barros com o marido, e eu a vi uma vez a caminho do banho de mar, em Icaraí. Era mineira, morena, dengosa, um avião! 'Nossa mãe, que mulheraça!', eu disse. O Wladi, meu futuro cunhado, perguntou: 'Quer conhecer? É a Lisaurinha.' Imagine... Fiquei completamente sem graça. Mas passamos a nos ver. Só que formada como professora, trabalhando com a Helena Antipoff,[1] resolveu que não voltaria mais a Niterói. 'Vou ficar em Belo Horizonte', decidiu. 'Nada disso', repliquei. 'Você vai voltar, porque eu vou largar a noiva e casar com você.'

Quer dizer que ela sabia que o senhor tinha noiva?

Sabia, fingia que não sabia, sei lá... O fato é que rompi o noivado e nos casamos três meses depois. No dia do casamento, aqui na matriz do Ingá, meu sogro, ainda muito desconfiado, virou para ela e disse: 'Minha filha, não se fie muito em carioca não. Qualquer coisa, volta para casa que eu estou lá à tua espera'. Isso aconteceu em 1960; eu tinha 33 anos. Fomos morar num apartamento pequenino, na Rua Cinco de Julho, mas logo nos mudamos para uma casa de vila, no final da Estrada da Cachoeira, onde ficamos até que uma pedra rolou e matou um monte de gente. Aí, saímos de lá. Vendemos a casa barato e nos mudamos para um apartamento defronte ao Instituto Abel, na Avenida Roberto Silveira.

O que você ganhava dava para o sustento tranqüilo do casal?

A loja acabara – fora impossível suportar a carga de impostos – mas eu já atuava como *free lancer* de alguns jornais de Niterói. Como autônomo, sem vínculo empregatício nenhum, as pessoas me convidavam para casamentos, aniversários e festas de todo tipo. Éramos poucos, eu me vestia bem, sabia fotografar e não usava magnésio nem lâmpada de flange, como outros profissionais. Fotografava sem pose, instantâneos, à base de *flash* e luz natural. Nunca fiz curso de fotografia; o que aprendi foi lendo revistas especializadas. Usei muito a Rolley-flex e a Canon de 35mm. Fui eu quem produziu os primeiros postais com paisagens de Niterói: a Ilha da Boa Viagem, a Praia de São Francisco, o Centro, o prédio dos Correios, a praia de Camboinhas etc. Para isso, eu usava uma antiga máquina de fole, herdada do meu pai, que fotografava no formato exato. Tudo era feito em preto e branco, pois naquela época não se falava em foto colorida. Eu copiava no laboratório, em casa, e vendia uns 250 postais por mês. As Lojas Americanas se interessavam por todo o material que eu produzia. Foi um sucesso! Claro, as reportagens davam um lucro muito maior e, com o tempo, acabei deixando de fazer postais.

O PROFISSIONAL DO JORNALISMO

Como foi a sua entrada nos jornais?
Se não me falha a memória foi por volta de 1958, quando *O Fluminense* patrocinou o concurso de Rainha das Praias de Niterói. Depois, passei a fotografar os acontecimentos sociais como *free lancer*, distribuindo o trabalho para praticamente todos os jornais de Niterói. O sistema funcionava assim: o clube me dava exclusividade na cobertura em troca da divulgação do evento, e eu vendia as fotos às pessoas que compareciam às festas. Também nisso fui pioneiro. Anos mais tarde, tanto no Clube Central como no Clube Regatas Icaraí, eu ainda mantinha a exclusividade do serviço. Principalmente nos concursos de *miss*... Havia muitos: *miss* Niterói, *miss* Estado do Rio, *miss suéter*, Rainha dos Estudantes, Rainha da Primavera, Rainha das Praias, Rainha do Carnaval. Sem televisão, a escolha das 'rainhas' constituía-se numa fortíssima atração.

Quais eram as moça que se candidatavam nesses concursos?
Eram realmente moças das famílias de Niterói. Quero dizer que não eram modelos ou pessoas que tivessem envolvimento com essa profissão. Eram moças comuns. Por exemplo, a Ingrid Schimdt foi *miss Niterói* e *miss* Estado do Rio, em fins dos anos 1960. A Ludmila Popov, que se tornou vereadora no Rio de Janeiro, também se candidatou a *miss* Niterói. E havia o concurso de *miss* Bangu, patrocinado por essa grande fábrica de tecidos e que era realizado no Clube Regatas. O locutor oficial era o Ribeiro Martins. Tratava-se de um desfile de modas, destinado a apresentar as novas criações de tecidos. Só que quem desfilava eram as moças da cidade, o que tornava o evento muito atraente, porque ao mesmo tempo simples e sofisticado. Mas não se pense que só havia concursos para moças de classe média. Fiz, várias vezes, eventos como Rainha do Turismo, Rainha do Festival da Cerveja, *miss* Comerciária etc. Ser *miss* era algo que encantava...

E os clubes? E os bailes dos clubes?
Fantásticos! Os clubes transbordavam nas festas de formatura e de debutantes. Nos bailes do Central só entrava gente das melhores famílias. Eram a oportunidade das senhoras da elite de Niterói prepararem suas filhas para arranjar namorado... No Regatas as festas não eram tão seletas. No Canto do Rio, menos

FACHADA ANTIGA DA SEDE DO CLUBE CENTRAL NA PRAIA DE ICARAÍ.
DÉCADA DE 1960. ARQUIVO FAN.

ainda; o ambiente era mais popular. O Colégio São Vicente de Paula, por exemplo, resistiu muito e foi o último a organizar um baile de debutantes para suas alunas. Fui eu, inclusive, que o apresentei. Em geral, eu era chamado ou pelos clubes ou pelas famílias para fotografar. E havia também as festas juninas. O baile de São João era uma festança; todo mundo se fantasiava como nos bailes de Carnaval.

Mas houve ainda duas festas que merecem destaque e que ficaram famosas. Foram os bailes chamados de Charme *Girl* e de *Glamour Girl*. Aconteciam no Hotel Cassino Icaraí, onde é hoje a Reitoria da UFF, em inícios dos anos 1950. Entre as vitoriosas estavam moças como Esmeralda Bastos Aguiar, Gilda Valle e Lia Guaraná. Foram bailes pioneiros de todos os demais que se fizeram na cidade. Eram grandes festas, onde as pessoas se vestiam a rigor: vestidos longos e *smoking*.

Mas antes dessa experiência como free lancer, atuando sobretudo nos clubes, você já havia trabalhado para a imprensa?

Havia trabalhado como correspondente da *Revista Lusitana*, enviando fotos e textos sobre festas e bailes de Niterói. Era uma revista de assuntos portugueses que existia no Rio de Janeiro e mantinha correspondentes em Portugal. Mas meu primeiro trabalho já como profissional foi para *O Estado*: repórter fotográfico. Fazia cobertura de eventos sociais e esportivos. Aqui em Niterói, havia bons times de basquete e alguma coisa de futebol. Na época, no Rio, da mesma empresa de *O Estado*, existiam a Rádio Nacional, o jornal *A Noite* e a revista *A Noite Ilustrada*, a *Manchete* da época. Eram todos do governo e eu andei fotografando também para *A Noite Ilustrada*. Ganhava uns trocados que davam para os gastos.

Fazendo parte de um complexo jornalístico oficial, de que forma repercutiu sobre esses meios de comunicação o suicídio de Getúlio Vargas?

A morte do Getúlio foi muito traumática. Pessoas que na véspera gritavam 'fora' choraram lágrimas de esguicho ao tomar conhecimento da notícia. Parecia uma quarta-feira de Cinzas. A matéria veio toda do Rio, e *O Estado* deu manchete de página inteira. Houve, é claro, uma preocupação generalizada ante a perspectiva de fechamento do jornal, fato que se concretizou, afinal, no fim de seis meses. Os funcionários foram transferidos para o Ministério da Fazenda, onde se aposentaram muito bem. Como ninguém me avisou e eu sou muito relaxado para essas coisas, só fiquei sabendo depois, e na época da minha aposentadoria fui obrigado a juntar uma papelada enorme, que tive a maior dificuldade em localizar. Em suma, foi um emprego público que eu perdi sem saber.

O que você fazia mais exatamente nesses jornais?

N'*O Estado*, como disse, trabalhava em atividades em geral. Para *A Noite Ilustrada* dei um 'furo' jornalístico, cobrindo a primeira cirurgia cardíaca realizada em Niterói, no Hospital Universitário Antônio Pedro, pelo doutor Washington Rego Pinto, conhecedor de uma técnica norte-americana. Fiquei na cabeceira da mesa de operações fotografando tudo. Fato raríssimo numa publicação semanal, a matéria ocupou quatro páginas da revista. Na ocasião, não havia tantos profissionais como hoje em dia e os jornais nos destacavam para fazer muita coisa à margem das atividades de rotina. Para o *Diário Fluminense*, por exemplo, cobri o incêndio do Circo Americano, uma verdadeira tragédia que ocorreu em Niterói. Morávamos, Lizaura e eu, lá na Estrada da Cachoeira, e eu sabia que minha cunhada e o marido tinham levado os filhos para assistir ao espetáculo. As primeiras notícias davam conta de quatrocentos mortos. Fui direto ao necrotério, mas não consegui identificá-los entre os cadáveres empilhados. Daí, então, tomei o rumo do circo e ajudei na cobertura. Só depois de fechada a edição é que os encontrei, em São Gonçalo: o Wladi jogara a mulher e os filhos do alto da última arquibancada e os fizera passar por baixo da lona antes que ela caísse em chamas e abafasse todo mundo.

Quer dizer que você começou a trabalhar na imprensa fora da redação dos jornais?

Eu era muito rebelde. Queria voar, ao invés de ficar preso, igual a passarinho na gaiola. Graças ao prestígio que eu tinha, no total cheguei a ser nomeado para três empregos públicos... Dois joguei para o alto! Um foi no Departamento de Estradas e Rodagens, cuja sede era em cima da Rodoviária de Niterói. Avisado de que meu pai estava mal, procurei o diretor e pedi licença, mas o sujeito criou mil dificuldades burocráticas e negou. Viajei assim mesmo e, na volta, me apresentei, disse-lhe meia dúzia de impropérios, pedi exoneração e saí batendo a porta. Outro foi no Serviço Social da Indústria, SESI.[3] No dia em que o diretor empombou comigo, xinguei ele e não voltei mais lá. A terceira oportunidade surgiu pouco depois do casamento, na Secretaria de Estado de Saúde, cujo Serviço de Divulgação e Comunicação dirigi durante 12 anos, até a fusão dos antigos estados do Rio e da Guanabara, em 1975. Esse, por insistência da minha mulher, fiz o que pude para manter, tanto que cheguei à aposentadoria.

Que funções você desempenhava na Secretaria de Saúde?

Aquilo era um cabide de empregos, com uns vinte funcionários incapazes de atender aos pedidos mais simples, como preencher uma ficha, dar um pulo num hospital ou passar uma notinha. Nem isso eles se dispunham a fazer. Um dia, logo após tomar posse, um novo secretário observou que eu parecia sobrecarregado de tarefas... Claro! Ninguém queria nada! Então, de uma penada, ele mandou todo mundo para os postos de origem. Virei chefe de mim mesmo, e deu muito mais certo.

E o dia-a-dia, como era?

O chefe do Serviço de Divulgação nada mais era do que um assessor de Comunicação Social. Por exemplo, quando inventaram que aranhas da espécie 'viúva negra' andavam picando e matando pessoas lá pelas bandas de Itaipu – isso deu manchete em todos os jornais de Niterói – eu liguei para as redações e dei o nome da mulher que havia sido mordida e informei que os técnicos da Secretaria de Saúde já se encontravam no local, que a situação estava sob controle etc, etc. Isso também deu manchete. Em emergências, eu inclusive fotografava. Os titulares da pasta se sucediam, mas nem pensavam em me afastar, dado o prestígio e as facilidades que eu tinha junto aos jornais.

Paralelamente, você continuava a desenvolver o seu trabalho de fotógrafo *free lancer*...

Quando assumi na Secretaria de Saúde, não fotografava mais; era colunista do *Diário Fluminense*. A atmosfera nas redações era gostosa e o jornalismo boêmio. Muitas vezes íamos tomar uma cachacinha ou uma cerveja bem gelada, a fim de estimular a criatividade. O companheirismo predominava sobre a inveja. O espaço era mínimo e nas lentas máquinas de escrever trabalhava-se mais calmamente do que no computador. A gente tinha mais tempo para apurar as matérias. Hoje, a noção de amizade desapareceu e nas amplas redações reina a balbúrdia. É tudo informatizado. Você escreve um texto medido, direto para a máquina, sem a intermediação do revisor, do linotipista. Esses empregos, como o companheirismo, desapareceram também.

Que tipo de coluna você fazia?

Festas, bailes, pessoas. E algumas reportagens ou simples legendas. Em geral, eu fazia o flagrante e mandava a legenda, e o *Diário Fluminense* publicava: 'Texto e foto de Carlos Ruas'. Ao me transferir para *O Fluminense* tratei de dar especial atenção aos homens de negócios, através de uma coluna publicada três vezes por semana. A economia de Niterói prosperava, diversificando-se, e eu pensava em atrair anunciantes. Isso quase me levou à loucura, pois a administração deixou em minhas mãos a principal carteira de publicidade, reunindo clientes que eu havia conquistado: Mesbla, Gelli, ANASA etc. Portanto, somados ao salário, eu recebia mais 20% de comissão de publicidade e ainda promovia eventos. Por exemplo, na abertura de filiais das firmas cariocas, aqui em Niterói, era eu quem contratava o *buffet*, chamava o padre para dar a bênção, mobilizava a banda da Polícia Militar etc, etc, etc... Mais ou menos o que hoje se chama de *promoter.*

Foi n' *O Fluminense*, então, que você assumiu encargos mais complexos?

O Fluminense foi a minha escola de jornalismo, e Alberto Torres o meu mestre. Inteligente, culto, perfeccionista, conhecedor do idioma, exímio na pontuação, ele sempre encontrava tempo para corrigir todos os textos, inclusive os dos principais redatores do jornal. Dotado de uma memória privilegiada – nunca usava agenda – foi capaz de reter os nomes e os cargos de dez personalidades que compunham a mesa de uma solenidade a que o convidaram sem aviso prévio; pude testemunhar o fato, pois fui eu quem lhe passou os dados referentes às cinco que ele não conhecia.

Você trabalhava como repórter fazendo muitos tipos de matérias. Conta para nós uma reportagem interessante em que você se envolveu.

Lembra quando mataram a Luz del Fuego?... Ela morava sozinha naquela ilha – foi a primeira naturalista do país. Um dia apareceu morta. Fora assassinada por um pescador, que a atacou para roubar. Tinha o apelido de 'Gaguinho', o sujeito. Matou e fugiu. E ao fugir, matou um policial. A Polícia Civil inteira saiu à sua caça. Eu e o Milton Rocha, gerente de *O Fluminense*, tínhamos um amigo, advogado, que nos procurou, dizendo que conhecia o esconderijo do tal 'Gaguinho', em Parada Modelo, caminho de Teresópolis. 'Só confio em vocês' – ele disse. Fomos primeiro ao secretário de Segurança, o coronel Homem de Carvalho, pedir garantia de vida. Ele disse: 'Olha, não posso garantir coisa alguma. A polícia está toda na rua com ordem de apanhar o criminoso vivo ou morto, mas o que eles querem, mesmo, é fuzilá-lo. Se vocês pretendem ir, mesmo, mando um X-9 acompanhar vocês – é o máximo que posso fazer. E cuidado, porque pode 'sobrar' para qualquer um...'. Fomos e encontramos o homem. Era noite. Pusemos ele dentro do carro e trouxemos para Niterói. Quando chegamos aqui, em frente à Secretaria de Segurança, tinha gente de tudo quanto era jornal. Todos deram manchete no dia seguinte. Menos *O Fluminense*, porque o pessoal da oficina foi embora antes e não houve condições de se rodar uma segunda edição. Foi terrível!

No jornal *O Fluminense*, por onde você começou?

Comecei, como disse, com uma coluna chamada 'Homens de Negócios', onde eu focalizava empresas e empresários contemporâneos, destacando o aspecto social: aniversários, casamentos, viagens, congressos etc. Inaugurações de novas lojas e filiais também tinham espaço. As grandes casas eram no Centro. A Moreira dos Cofres, do ramo de materiais de construção; a Casa Niterói, especializada em ferragens; a Gelli, de móveis, originária de Petrópolis; a Mesbla, loja de departamentos, sediada no Rio; e no setor bancário, o Predial e o Mercantil, ambos 'nativos'. O primeiro empréstimo concedido ao governo, para obras de saneamento em Niterói, foi do Predial, de Manoel João Gonçalves e seus sócios, o comendador Tomás Lima e Asdrúbal de Laia Franco, este provedor do Colégio São Vicente de Paula, todos lusitanos e residentes na cidade. Tal qual o dono do Mercantil, José Soares de Carvalho. Posteriormente, veio a se estabelecer na Galeria Paz, o José Augusto de Carvalho, com o seu Banco Comercial de Niterói.

O fato de você ser um descendente de portugueses, um quase português, facilitava a aproximação?

Muito. Eles se sentiam mais confiantes. E me abriam as portas da numerosa colônia portuguesa, o que sem dúvida representava um ganho extraordinário para o meu trabalho. Nada além disso. Sei que pode até parecer incrível, mas nunca procurei levar vantagem. Os empréstimos que obtive foram pagos, reli-

CARTÃO DE PROPAGANDA DO FOTÓGRAFO CARLOS RUAS.

giosamente. E os amigos que avalizavam minhas promissórias – o Antônio Noronha, antigo dono da Sapataria Samaritana e ex-Cônsul Honorário de Portugal; e o Manoel Quadros de Barros, à época proprietário da fábrica de sardinhas Jangada – jamais receberam um aviso do banco. Eu era responsável pela criação dos anúncios das duas firmas.

Função de publicitário...

Exatamente. Cansei de diagramar anúncio, tanto que até hoje fico ao lado do pessoal de Arte, que trabalha em computador, pedindo que puxem uma palavra mais para a esquerda ou uma foto mais para a direita. É porque tenho experiência e sei o que quero, como deve ser, e não como o rapaz preferir. A menos que ele tenha uma sugestão melhor.

Qual avaliação você fazia daquela Niterói, capital do estado, no início dos anos 1960?

Enquanto foi capital a cidade atraiu os negócios de maior peso, os interesses políticos e os principais acontecimentos sociais do estado. A fusão com a antiga Guanabara, em 1975, foi uma paulada! Somente muitos anos depois e graças ao aumento da população, o comércio de Niterói conseguiu recuperar as perdas que sofreu naquela época. Hoje em dia – e pouca gente sabe disso – não existe nenhum outro lugar do país onde a classe média seja mais numerosa. Foi ao longo de toda a década de 1960, até inícios dos anos 1980, que Niterói cresceu mais. Eu podia avaliar isso com relativa segurança em função do meu envolvimento com a publicidade. O setor enquanto tal ainda não existia. A mídia era restrita. Havia cerca de cinco diários e duas revistas. O jornal *O Estado*, talvez por ser o órgão semi-oficioso do Partido Social Democrático (PSD), chegou a 30.000 exemplares e apesar da dificuldade dos transportes podia ser facilmente encontrado de sul a norte do estado: de Parati a Porciúncula. Os demais não alcançavam 10% disso... Ele era mais dinâmico, mais completo, talvez por ser 'oficial'. Informava tudo sobre o funcionalismo público, a política etc. E havia as revistas: a *Guanabara Fluminense* e *Atualidade*, ambas cobrindo os acontecimentos sociais, a participação dos empresários, inaugurações de fábrica, agência bancária, loja de comércio etc. Atualmente, os jornais que atingem tal amplitude são cariocas. Com tiragem em torno de 35.000 exemplares, *O Fluminense,* o único que restou, só alcança os municípios limítrofes de Niterói.

NAIR CERANTE GOGOY NO ALTO DA BOA VIAGEM, LOCAL EM QUE FOI CONSTRUÍDO O MUSEU DE ARTE CONTEMPORÂNEA (MAC). FOTO CARLOS RUAS.

ROBERTO SILVEIRA É CARREGADO PELO POVO, NAS ESCADARIAS DO PALÁCIO DO INGÁ, NO DIA DE SUA POSSE AO GOVERNO DO ESTADO DO RIO DE JANEIRO. FOTO CARLOS RUAS.

E você integrava o jornalismo à publicidade?

Como eu disse, não existia ainda nenhum setor publicitário estruturado, embora a concorrência fosse muito forte. Os salários baixos, no jornalismo, estimulavam a corrupção. Isso que se costuma chamar de 'imprensa marrom': o sujeito pagava pelo anúncio ou tornava-se alvo de um noticiário adverso. Os empresários, logicamente, mantinham uma postura defensiva. Aos poucos, fui firmando um conceito pessoal e modificando a mentalidade de pelo menos alguns homens de negócios, mostrando que não pretendia arrancar dinheiro deles e, sim, divulgar o produto da maneira mais conveniente, para facilitar as vendas. Sugeria modificações no *layout* e às vezes chegava mesmo a desaconselhar o investimento, dizendo que valia mais à pena aguardar uma ocasião melhor. Esse meu comportamento influenciou, inclusive, um ou dois diretores de revistas, excessivamente agressivos. Nenhum jornal ou revista pode prescindir da publicidade e das verbas governamentais destinadas à divulgação, mas alguns agiam com tamanho descaramento que acabavam perdendo a independência.

O COLUNISTA SOCIAL

É nesse ambiente que você começa a atuar como colunista social...

Eu comecei como colunista social no jornal *O Estado*, em uma segunda fase. Ele havia sido fechado em função da morte de Getúlio, em 1954, mas foi reaberto uns anos depois. Eu reingressei aqui em Niterói, com carteira assinada e com uma coluna social. O jornal reabre forte, com o dinheiro do Almirante Boanerges Cunha, mas começa logo a sentir dificuldades. Saí então de *O Estado* e fui trabalhar também profissionalmente no *Diário Fluminense*, um jornal que apareceu para fazer a campanha do Roberto Silveira, pai do atual prefeito. Era ligado ao Partido Trabalhista Brasileiro, o PTB. Um belo dia, quando o colunista social do jornal foi embora, o editor sugeriu meu nome para o cargo. Eu cobrira a campanha do governador e, afinal, conhecia a sociedade melhor do que ninguém. É minha a foto dele subindo as escadas do Palácio do Ingá nos braços do povo, conforme prometera durante a campanha. Mais tarde, cobri o quebra-quebra e o incêndio das barcas.[2] E fui a Petrópolis diversas vezes, em função da morte dele...

O GOVERNADOR ROBERTO SILVEIRA, GUSTAVO GURGULINO DE SOUZA, O PRESIDENTE DO CLUBE CENTRAL, E O FOTÓGRAFO CARLOS RUAS.

Você estava no *Diário Fluminense* quando o governador morreu...

Foi um trauma. Ele era muito jovem e estava na mídia do estado e do país. Era muito popular, embora não tivesse tido tempo de fazer tudo o que acabaram dizendo que ele fez. Ficou apenas dois anos no governo, mas tinha interesses altos: queria ser vice-presidente em uma possível chapa que lançasse João Goulart à presidência, pelo PTB. O certo é que, na ocasião, quando eu tomei um táxi em São Paulo, o motorista disse: 'Poxa, que grande governador vocês perderam...'

Só depois dessa experiência é que você vai ser colunista social de *O Fluminense*.

Exatamente. Primeiro sou *free lancer*, e depois que o jornal vai para as mãos de Alberto Torres é que me torno seu colunista social. O convite se deveu a um súbito pedido de demissão irrevogável de meu antecessor, o Alarico Maciel, e naturalmente ao meu conhecimento da sociedade. Dr. Alberto era pessoa finíssima e ao receber a carta do Alarico, só depois de procurá-lo e não o tendo encontrado, é que me convidou para assumir a responsabilidade. Hoje um colunista social tem uma equipe: um redator, um fotógrafo, um contato de publicidade; não precisa ir a todas as festas, nem correr atrás de cada anunciante. Naquela época, era diferente e muito mais trabalhoso. Eu mantinha a 'Homens de Negócios', três vezes por semana, e ainda fotografava. Mas tive alguma ajuda e acabou-se aquela história do eu mais eu, que quase me levava à loucura. É preciso saber que, há 40 anos, dava-se muita importância à coluna social. Bem mais do que hoje. Havia pessoas que passavam a noite em claro, esperando o jornal com a lista das mais elegantes, os destaques do ano etc.

Que nome tinha a coluna social? E qual a sua periodicidade?

Minha primeira providência foi mudar o nome da coluna, de 'Sociedade' para 'Sociedade em Revista', com meu nome lá no pé, num corpo diminuto. Era diária. Eu fazia as principais inaugurações, dava assistência aos grandes anunciantes, uns trinta clientes, inclusive algumas firmas do Rio – Mesbla, Gatão Veículos – que compravam espaço maior nas edições do fim de semana. Continuei palpitando na elaboração dos anúncios, sugerindo modificações, e transmitindo às agências de publicidade informações técnicas acerca dos jornais, dados de que elas careciam para elaborar os layouts.

Quanto ganhava um jornalista nessa época?

Pouca coisa. Não posso dizer com absoluta exatidão porque nunca fui bom de números. No meu caso, conforme já relatei, a remuneração que recebia pelo agenciamento da publicidade representava um reforço importante. Dava para pagar mais do que o aluguel. Foi ótimo, pois veio justamente na época do meu casamento, quando se vivia muito melhor, diga-se de passagem. Hoje, quanto mais você ganha, mais gastos tem. Só os impostos que eu pago sobre o patrimônio consomem minhas duas aposentadorias.

Como era fazer coluna social – quer dizer, nos bastidores? As pessoas ligavam para dar notícia? Que tipo de material era mais fácil ou mais interessante?

As pessoas ligavam sim, e eu também ligava para elas. A cidade era menor e havia mais interesse pela coluna social. No dia seguinte de alguma festa especial, as pessoas amanheciam na banca, querendo um jornal. Saíam de casa para comprar o leite, o pão e o jornal com a fotografia, a reportagem sobre o evento.

Era bom ser jornalista naqueles tempos, embora fosse difícil trabalhar em cima de velhas máquinas de escrever – e bota velha nisso! Tanto n'*O Estado* quanto n'*O Fluminense* todo mundo usava as mesmas máquinas, tão maltratadas, permanentemente quebradas... A gente vivia com o dedo sujo de puxar a tecla que baixava e não voltava. Atualmente, para o pessoal que usa computador, essa lembrança é quase incompreensível... Mas a redação era mais gostosa do que é hoje. Por outro lado, fazer coluna social tornou-se uma tarefa muito menos árdua à medida que abrangeu outras temas, economia, política etc. Eu adotava uma estratégia muito simples para preencher o espaço: considerava tudo notícia, qualquer informação, a mínima que fosse... só não dizia que o sujeito havia ido ao banheiro.

MISS ESTADO DO RIO DE JANEIRO DESFILA NA PRAIA DE ICARAÍ. ANOS 1950. FOTO CARLOS RUAS.

ANGELA CARRAPATOSO, RAINHA DOS ESTUDANTES DE NITERÓI, ENTRE AS PRINCESAS MARLY VASCONCELOS RIBEIRO (ESQ.) E DIRCE COSTA (DIR.). CLUBE CENTRAL. FOTO CARLOS RUAS.

Ninguém interferia no seu trabalho?

O Alberto Torres jamais plantou uma nota sequer no meu texto. Super-relacionado, mas também político e de uma delicadeza sem par, ele às vezes tomava conhecimento, em cima da hora, do aniversário de alguém importante, mas se não conseguia me encontrar não dava a notícia ou dava fora da coluna. Mais tarde, porém, ainda n' *O Fluminense* e em outros jornais, trabalhei sob diretores que praticavam uma verdadeira censura. Isso me confundia a tal ponto que eu me sentava diante da máquina de escrever sem saber o que fazer, incapaz de criar, preso àquele emaranhado de restrições. Não podia mencionar o nome do clube 'xis' porque o diretor de redação e um dos dirigentes da agremiação haviam se desentendido; não podia citar determinado banco que lhe negara empréstimo... As instituições menos, mas as pessoas eram essenciais – eu escrevia sobre pessoas. Em muitas ocasiões, tolhido dessa forma, não tinha o que noticiar.

Mas havia gente que telefonava, interessada em prestar ajuda...

Muita gente. N'*O Fluminense*, eu elaborava a lista das Mais Elegantes e dos Destaques do Ano. Foi uma época fantástica! Todo mundo corria, pessoas dispostas a tudo para entrar na lista... Era igual a concurso de *miss*. Alvo de fortes pressões, principalmente dos maridos, eventualmente das próprias mulheres, eu dava os últimos retoques na relação e tratava de escapulir para as minhas férias de fim de ano. Tirava trinta dias em Friburgo, Petrópolis, Teresópolis, Cabo Frio, até a poeira assentar. Mas não descansava, porque encontrava todo mundo de Niterói. Acabei descobrindo que um amigo tinha uma casa no sul da Bahia e fui passar minhas férias lá oito anos consecutivos. Não era brincadeira, não!... Houve um ano em que um marido de uma senhora, sem dúvida muito elegante, depois que eu saí de férias, a lista já preparada, procurou o gerente do jornal, um jornalista chamado Milton Rocha, e tentou suborná-lo para que a foto da esposa fosse inserida. Segundo o sujeito, eu cometera um 'lapso' ao excluir o nome da sua esposa.

E as merecedoras, quais foram?

Muitas das Mais Elegantes freqüentaram minha coluna mais de uma vez. Eram senhoras das mais distintas de nossa sociedade: Feliciana Farah, Geane Garcia Justo, Angela Barros, Judith Sanchez, Angela Pires Ferreira e Moema Fuscaldo, entre nomes de que me recordo agora. Houve outras, certamente, e me desculpo com elas por minha má memória.

Quando você saía de férias a coluna continuava em circulação?

Sim, sob a responsabilidade de um interino. Até hoje é assim. Não pode haver interrupção, porque a cobertura social aumenta a tiragem do jornal; valoriza o espaço publicitário.

Que famílias compunham a alta sociedade de Niterói naquele tempo?

Deixa ver se eu me lembro... Os Soares, a família do Ilídio Soares Filho, composta de vários irmãos, e todos faziam muitas festas. Outras famílias importantes eram as do comandante Gustavo

AO CENTRO MARIZA MONTEIRO, RAINHA DA PRIMAVERA, LADEADA PELAS PRINCESAS LUDMILA POPOV (ESQUERDA) E MARIZA ANDRADE (DIREITA). CLUBE CENTRAL. FOTO CARLOS RUAS.

Gorgulino de Souza; do Heráclito Lélis Leite; do Nivaldo Coimbra, presidente do Clube Central; do Belisário Godói, também presidente do Central, cuja esposa, dona Nair, era uma mulher lindíssima. Havia a família dos Grael, com dona Ingrid Schmidt, belíssima e hoje mãe de campeões olímpicos. Quem mais, meu Deus? Tinha tanta gente! José França Filho, comodoro do Iate Clube Brasileiro. As famílias dos diretores dos bancos, os Paes, o Grilo Paes. E a família do Alberto Torres, com sua linda filha, a Nina Rita Torres. Todas essas famílias se freqüentavam muito, casavam seus filhos uns com os outros. As mulheres vestiam a mesma *griffe* – a Canadá Modas, do Rio de Janeiro – e as roupas dos mesmos costureiros – o Gerson... não me lembro o sobrenome. Contratavam os serviços dos mesmos decoradores. O Porfírio Lopes, por exemplo, tinha um gosto refinado, não só para residências, como para a ambientação de festas... As festa do Clube Central e do Country Clube eram animadíssimas. Em um dos anos mais felizes, ele organizou uma festa com tema árabe e armou uma tenda dentro do salão, com todos os ingredientes orientais!

E quais os bailes de Carnaval que faziam maior sucessso?

A elite ia ao Baile de Gala do Clube Central, na quinta-feira de Carnaval. Lotava! Apesar da dificuldade de transporte, vinha gente até do Rio de Janeiro. Tinha uma 'turma do sereno', bastante fiel, que comparecia para ver as pessoas entrando fantasiadas. Lá dentro, após um desfile, escolhia-se a fantasia mais luxuosa, a mais exótica etc. Havia concorrentes assíduos, que se tornavam esperados, como Lúcia Brasil de Araújo, Maria Quintanilha, Marilde Soares, Deusa Israel e Angela de Barros, filha do governador Togo de Barros. Outro baile muito famoso era o *Bal Masqué*, onde o concurso era o das mais belas máscaras. Eu sempre participava da Comissão de Organização, sendo que a renda do baile reverteu, durante anos, em benefício da Liga Fluminense contra o Câncer. Foi em grande parte com esse dinheiro, quer dizer, com o dinheiro dos niteroienses, que a Liga construiu um bom hospital, ali, na Travessa Lassale. Hoje, veja só, é um hospital que pertence à Amil...

Você trabalhava demais...

Muito, muito, justamente em virtude da grande concorrência que havia. Os *free lancers* até que não eram tão numerosos, mas as revistas do Rio – todas semanais – davam mais cobertura aos acontecimentos de Niterói do que hoje. Principalmente durante o Carnaval, as edições caprichavam na cobertura fotográfica, dando destaque às fantasias de luxo. E faziam isso também com outras festas. Não só com o Carnaval.

INGRID SCHMIDT POSA PARA FOTO NO CLUBE CENTRAL.

As elegantes eram todas muito bonitas ou apenas elegantes, o que não é pouco, aliás.

Certas perguntas... não são fáceis de responder. Os critérios não mudaram, desde aquela época, e eu temo ser indiscreto, ferir susceptibilidades... Mas vá lá! Às vezes ocorria de eu ser obrigado a incluir na lista das mais elegantes uma mondronga, porque a direção do jornal insistia, o marido era um grande anunciante etc. Costuma haver, digamos, entre as dez mais elegantes, umas três malas sem alça, difíceis de carregar. Eu corria algum risco de desmoralização, sem dúvida. Mas por outro lado, nem todas as realmente elegantes podiam ser consideradas belíssimas. O critério básico era a elegância. Vestir bem, o que difere de vestir-se bem. Até hoje há mulheres em Niterói que se vestem com as melhores etiquetas, mas não são elegantes. Pode ter dinheiro para comprar roupa exclusiva nas *boutiques* finas, mas se você não olhar bem, não vai apreciar, vai até imaginar que se trata de uma roupa qualquer. Tem muita mulher bonita que não se veste de forma refinada, mas é elegante. E isso vale para todas as idades. Na lista, em geral, as solteiras não entravam. Nem coroa – os limites oscilavam entre 25 anos e 35 anos, 40 anos, no máximo. Mais do que isso, só excepcionalmente. Senão desmoralizava o nome do colunista!

PEDRITA ABRAMOVIYCH DESFILA NA PASSARELA DO CLUBE CENTRAL. FOTO CARLOS RUAS.

E aconteceu algum caso excepcional ?

Sim! Certa ocasião, eu cheguei a pensar que ia, mesmo, me desmerecer por completo. A mulher tinha mais de 60 anos e era feia, muito feia. Mas a tal pressão foi fortíssima e não pude suportar: fui obrigado a incluí-la na lista.

Essas pressões tinham algum componente político? Sim, porque o Alberto Torres era um homem de partido. De que forma pessoas ligadas a outros partidos políticos apareciam na coluna? Ou não apareciam?

Não existe, jamais existiu ou existirá um jornal apartidário. Na minha opinião, isso é normal. Alberto Torres era da UDN e, embora houvesse espaço para todos, não importa a que partido estivessem filiados, a preferência pela UDN transparecia nitidamente. Na coluna também. Fino, ele não interferia diretamente. Mas diretores, editores, chefes de redação interferiam e muito. Durante as campanhas eleitorais, mais ainda. Com o tempo, esse tipo de pressão arrefeceu, porque os espaços ocupados pela propaganda eleitoral passaram a ser pagos – a preços, inclusive, muito mais altos. As reportagens, não, mas tudo aquilo que dizia respeito a algum interesse pessoal do candidato converteu-se em Informe Publicitário. O mais provável é que num determinado momento a gentileza tenha-se tornado dispendiosa e, então, *O Fluminense* cancelou a gratuidade... Antes, funcionava uma espécie de troca de amabilidades.

Essa troca incluía gente dos outros partidos?

Sim. O Alberto Torres nunca foi um político sectário. Defendia o seu lado, garantia todas as vantagens para o seu partido, mas não deixava de dar atenção aos outros. Tinha um sentido ético apuradíssimo. O problema é que o custo do jornal começou a encarecer, o papel e a tinta eram importados, e em conseqüência certas matérias passaram a ser publicadas com aquela tarja característica dos Informes Publicitários, tipologia diferenciada etc. Quer dizer: era matéria paga. Também se passaram a cobrar os chamados 'santinhos' – fotografia e mensagem do sujeito.

Tudo bem. Mas depois de 1965, quando se deu a extinção dos partidos até então existentes, substituídos pela Aliança Renovadora Nacional e pelo Movimento Democrático Brasileiro, o Alberto Torres tornou-se um homem da ARENA. O fato de se viver sob um regime militar alterou essa dinâmica? Ou a prática da tolerância persistiu?

Na eleição, em 1958, a UDN apoiara o PTB contra o PSD, liderado pelo Amaral Peixoto. O Alberto Torres fora secretário de Educação no governo Roberto Silveira. Sua tolerância, portanto, tinha outros fundamentos. Depois de instaurado o regime de exceção, entretanto, submetido o jornal à censura, por mais destemido que ele fosse não dava para enfrentar a ditadura. Mesmo assim ele fazia visitas sistemáticas aos presos na Fortaleza de Santa Cruz e no DOPS, muitos deles seus inimigos políticos, e dava ajuda financeira às famílias. Discretamente, o jornal se posicionou contra os excessos praticados, publicando na íntegra matérias que, embora oriundas da Agência Nacional, haviam sido parcialmente cortadas. Devido a isso sofreu repreensões.

Como é que a censura operava dentro do jornal?

Essas atitudes do doutor Alberto acarretaram a presença do censor dentro da redação – o homem lia tudo. Na coluna social não intervinha porque só tratávamos de eventos meramente sociais. Claro, nem sonhávamos dizer que o presidente ou o governador fossem feios – eles eram lindos. Na realidade, eu evitava falar de política. De quem fosse de esquerda ou contrário ao regime, não falava nada. A reação do doutor Alberto não tardou; ele passou a dar maior atenção ao noticiário nacional, e uns três meses depois, o sujeito deixou de aparecer, afastou-se. Talvez as autoridades tenham avaliado que seria um mal muito maior fechar o único grande jornal de Niterói.

Algum jornalista foi demitido?

Foi. Ser diretor de jornal numa circunstância como aquela não era nada agradável. Normalmente ocorrem divisões – gente a favor e gente contra – e tomar conta de todos torna-se quase impossível. Certa vez o jornal publicou uma nota que falava mal do próprio doutor Alberto; o texto deve ter passado pela mão de alguém que se opunha ao regime, que queria ver o circo pegar fogo, e saiu. Durante a ditadura foi difícil conter esse pessoal. Alberto Torres não gostava de colocar ninguém na rua. É importante que se diga isso: ele não gostava de demitir. Mas mantinha sob severa vigilância todos os repórteres de tendências oposicionistas, a fim de evitar que o jornal acabasse sendo fechado.

Quer dizer que o jornal não publicava críticas ao regime... E as manifestações de 1968 tiveram algum espaço no noticiário?

Os estudantes eram os únicos que, eventualmente, ainda faziam manifestações. O jornal registrava, apenas, em meia dúzia de linhas. Mesmo assim, porque o censor já tinha ido embora. Não se deve desconsiderar o fato d'*O Fluminense* nunca ter sido um jornal político. Nasceu há mais de 130 anos como um veículo de classificados e nunca deixou de circular. Está entre os quatro mais antigos do Brasil, sempre com esse lastro dos classificados. Não é somente uma receita, mas uma clientela importante.

TEM QUE SER CARA DE PAU...

Você chegou a considerar o trabalho de algum colunista social como exemplo? Alguém que você mais admirasse?

Não sofri praticamente nenhuma influência. Comecei fotografando e escrevendo legendas sobre eventos da sociedade, e já estava no *métier* numa época em que praticamente só havia dois colunistas: o Alarico Maciel e o Ibrahim Sued. Dono de um texto adjetivado, mas incapaz de falar mal de quem quer que fosse, Alarico era um perfeito *gentleman*, sempre de bem com todo mundo, sempre em cima do muro. Ele já tinha acumulado uns quatro anos de colunismo quando fui chamado para ocupar o lugar que lhe pertencera. Morreu pouco depois, de enfarte ou coisa parecida, deixando a esposa em situação difícil, dependente da ajuda do Dr. Alberto Torres. Acontece que o Alarico, além de responsável pela coluna social, era chefe da segurança da Assembléia Legislativa, cargo de prestígio e que rendia uma boa remuneração, facilitando o trânsito de dona Tininha Maciel pelo 'soçaite'. Após a morte do marido e sem nenhuma habilitação, consumidas as rendas de que dispunha, acabou abandonada pela gente fina que a paparicara. Eu jamais esqueci esse fato, que me ensinou a separar o joio do trigo, distinguindo as amizades de verdade.

Foi mais um degrau no seu autodidatismo...

O jornalismo tinha aquele traço meio barroco, que acabou superado. Aos poucos, eu também fui apurando o meu jeito de escrever. E se afinal sofri influência há de ter sido do Ibrahim Sued. Aliás, um tremendo cara-de-pau. Mas é assim mesmo: todo repórter tem que ser cara-de-pau. Algumas pessoas se referiam a mim como 'o Ibrahim de Niterói'. Foi na época em

SENHORA EDNA PACÍFICO HOMEM,
PREPARADA PARA UM *BAL MASQUÉ* DO CLUBE CENTRAL.
FOTO CARLOS RUAS.

que eu me tornei absoluto – era o Ibrahim, no Rio, e eu, em Niterói. Com a fusão, o jornal circulando em todo o estado, eu passei a freqüentar muito a noite carioca e o Brasil todo, comparecendo a inaugurações, festas, boates etc. O noticiário da coluna, entretanto, continuou centrado em Niterói.
Para a empresa, não foi um bom negócio. Abriram-se inúmeras sucursais, com novos repórteres, fotógrafos, pessoal encarregado da limpeza e a tiragem aumentou. Antes tínhamos uma única banca de jornal, na Praça XV, e depois tínhamos jornal em todas as bancas do Rio. Mas as vendas não compensaram tamanha despesa.

Tudo isso afetou o jornal, financeiramente...
A longo prazo, com toda a certeza. Tanto que as sucursais foram sendo fechadas, uma a uma. No Rio, só restou uma agência de classificados. Aliás, com a construção da ponte, o Rio ficou pertinho. Atualmente, dada a facilidade dos transportes, a Reportagem consegue chegar ao interior sem maior dificuldade; e se não for possível cumprir a pauta no mesmo dia, pernoita e retorna à base no seguinte. Assim é mais barato.

Se você tivesse que prescrever a receita do colunista social... qual seria?
Resumindo?... Imitar o Ibrahim Sued. Antes de mais nada ser aquele cara-de-pau que atravessa as portas, arrastando atrás de si os 'seguranças', aos gritos: 'Não pode! Não pode!' E ele dá uma cotovelada no segurança e vai em frente, cruza o umbral, dirige-se ao primeiro que encontra, iniciando a apuração no mesmo instante. Era exatamente assim que o Ibrahim agia. Não queria nem saber...

Esse também era o seu estilo?
Muita gente me julgava um pateta, um perfeito idiota, porque eu fazia absoluta questão de pagar a conta do que consumia. E se acaso o proprietário insistisse em não cobrar, eu não voltava mais lá. Guardava as minhas veleidades éticas, digamos assim. O bom repórter, ao contrário, não pode ter inquietações de consciência. Ele enfrenta qualquer situação. É indiscreto. Claro: tem que saber escrever. O Ibrahim não sabia, embora fosse um excelente catador de notícias. Daí que precisava manter num escritório uma equipe de redatores. Muitos grandes nomes do jornalismo carioca e de Niterói integraram a equipe do Ibrahim. O Mauro Costa, por exemplo, que foi diretor de jornalismo na TV Globo, trabalhou na TV Manchete...
Comparado ao repórter comum, o colunista social leva uma grande vantagem: as notícias lhe chegam em primeira mão. Ele as escuta nas rodas sociais, nos jantares e nas mesas das *boates*. Só tem que ser indiscreto, estar sempre de ouvidos abertos e não ser amigo de ninguém.

Como você fazia para checar a veracidade de uma notícia?
Havia pessoas em quem eu confiava. Informantes que conferiam certas notícias, evitando que eu corresse riscos. Em outros momentos, eu próprio fui obrigado a pôr a mão na mas-

sa. Então, eu tinha esse esquema. Tinha certas notícias, realmente, que, para não correr o risco, era eu que checava. Vou dar um exemplo. O Ricardo Boechat, em *O Globo*, naquela história do superfaturamento dos uniformes do Exército. O Boechat é um excelente repórter, muito vivo, mas discreto. O estilo dele não tem nada a ver com o do Ibrahim. Pois para apurar esse escândalo, ele largou a coluna e fez uma série de reportagens sobre o assunto, inclusive desmentindo pessoas que duvidavam que o jornal fosse publicar. Publicou tudo.

O Boechat é um colunista que constantemente dá furos de reportagem. Isso é comum?... certo tipo de notícia aparecer primeiro na coluna social, como uma espécie de balão de ensaio?
Sempre foi. Há situações em que não dá para confiar em ninguém; pode ser até perigoso. E é preciso ir à luta para não perder o furo. O colunista social toma conhecimento de muita informação inédita, dá a notícia e acaba pautando a reportagem, que desenvolve. Isso acontece a toda hora e em todos os jornais. Telespectador, então, está cansado de ouvir os locutores dizendo: 'Conforme notícia publicada ontem, na coluna social de Fulano...'.

Existe alguma particularidade no colunismo social feito por mulheres?
Elas costumam ser boas colunistas sociais. Têm mais facilidade. Chegam mais rápido à notícia. Isso acontece porque ao perceberem que o assunto é sério, tornam-se ainda mais insinuantes, mais gatas. Não tenho a menor dúvida de que o seu poder de penetração entre as fontes masculinas é muito superior ao dos colunistas homens. E entre as mulheres existe todo aquele clima de 'fofoquinhas'. A mulher é muito mais indiscreta do que o homem. Faz parte da sua natureza não gostar de guardar segredos.

Bem, as entrevistadoras são mulheres, mas não tecem comentários... Mas, por exemplo, qual é o comportamento dos jornais ou do colunista, diante de informações sobre a relação de um casal?
Há temas que não podem ser abordados de qualquer maneira. Os jornais não têm nenhuma orientação a respeito e os colunistas atuam com a mais completa liberdade. Mas é incontestável que ao noticiar que Fulano foi visto com Sicrana, ou Sicrana com Beltrano, o sujeito pode contribuir para acirrar um clima. Mesmo sem dar os nomes, basta uma simples referência às atitudes, descritas nos mínimos detalhes, de 'alguém na praça'... Quando um casal andava às turras, eu procurava destacar as qualidades de cada um, para que percebessem o parceiro espetacular que possuíam. Apontava as suas virtudes, tentando aproximá-los. Às vezes dava certo. Insinuações, eu jamais publiquei! Namoro, sim, mas namoro é notícia séria. Por isso, até hoje, muita gente comenta que 'Sociedade em Revista' era verdadeira e pura. 'Atualmente é um nojo!' – dizem.

O dono do jornal não interfere nem a favor dos amigos?

O Ibrahim Sued abria as notas de maior impacto escrevendo: 'Bomba, bomba, bomba!' O alvo não gostava, é claro. E tendo prestígio junto à direção do jornal, nem procurava o colunista – ia direto à cúpula. Comigo houve casos assim – não muitos, alguns. Como resultado, invariavelmente, o chefe de reportagem vinha me pedir para 'maneirar'.

Mas as bombas continuavam caindo, sem parar...

O Ibrahim – isso é bom que fique patente – era muito inteligente. Não sabia escrever, mas tinha uma perspicácia incrível. Ninguém que eu tenha conhecido foi capaz, como ele. de tirar tanto partido da burrice. Quem sabe ele fingia de burro, para obter ganhos? Chegou a ter um programa de televisão de grande audiência. Por quê? Porque fingia de burro... Por exemplo, na frente das câmeras, ao vivo, ele abanava a mão com ar de enfado, reclamando alto: 'Não aporrinha! Tem uma mosca aporrinhando aqui!' Fazia isso com absoluta naturalidade e produzia um efeito cômico. A audiência morria de rir... Quer dizer: ele trazia o público com ele.

Evidentemente, ele não era trouxa ou não teria alcançado a posição que alcançou.

Ele permaneceu em *O Globo* mesmo brigado com o dono do jornal. Foi um acidente de percurso... Em protesto contra uma nota sobre nem sei o quê, não me lembro, a pessoa atingida escreveu uma carta ao jornal – uma resposta. Ele não publicou, não deu a mínima atenção. O Roberto Marinho, então, mandou publicar a carta ao lado da coluna. Desgostoso, o Ibrahim transferiu-se para o *Diário de Notícias*. Mas não ficou longe mais do que três meses. E voltou com toda a pompa e circunstância.

Na sua coluna, alguma vez, você publicou uma bomba?

Várias, e uma delas muito curiosa. Foi na ocasião da inauguração do primeiro boliche de Niterói, que ficava situado na Rua Engenheiro Guilherme Greenhalg, em Icaraí. O boliche era uma novidade e a festa de inauguração foi um sucesso. O comparecimento foi enorme. Só que no fim da inauguração houve uma briga horrorosa entre um dos casais de donos e eles acabaram a noite na delegacia. Eu cobri a festa e noticiei na minha coluna, dando destaque ao nome dos dois proprietários da casa. Como complementação, na página policial, saiu a briga...

A PLURALIDADE DE IDÉIAS

Mudando de assunto, mais uma vez. Você sempre foi sindicalizado?

Eu me vinculei logo, mas o sindicato não era uma obrigação ou apenas uma forma de se obterem algumas vantagens. Eu passei a considerar interessante colaborar com os órgãos de classe. Havia duas entidades e eu me inscrevi em ambas: a Associação

Fluminense de Jornalistas e o Sindicato dos Jornalistas do Estado do Rio de Janeiro. Isso foi muito antes da revolução de 1964, quando a presidência do sindicato estava ocupada pelo Jairo Mendes, um sujeito fantástico, comunista. Aliás, quase todo dirigente sindical é de esquerda. Mas naquele tempo, a gente não servia aos bancos; era o contrário, os bancos é que serviam à gente. Ele conseguiu um financiamento a perder de vista do governo federal para que os jornalistas pudessem adquirir casa própria. Não fazia distinção, se o jornalista era da direita ou de esquerda, juntava os nomes numa espécie de bolo e sorteava. Quando alguém falecia, ajudava no funeral etc. Era um cara incrível!
Agora imagina... Esse era o mesmo sujeito que, no dia 31 de março de 1964, gritava que ia tocar fogo no jornal do Alberto Torres, e que nós abandonássemos a redação, do contrário íamos morrer carbonizados. O diretor-presidente era de direita, mas numa hora dessas, como é que os repórteres poderiam deixar de ficar solidários com ele? Enfim, permanecemos lá até de madrugada, esperando notícias. Depois, o Jairo e seus camaradas é que acabaram fugindo...

Ele ficou na presidência muitos anos?
Mais do que ele, ficou o Tácito Tani. Quando a pessoa passa muito tempo no cargo vai se esquecendo dos outros, começa a se aproveitar, acaba dilapidando o patrimônio que é de todos. Tínhamos uma ambulância, consultório dentário, mas os associados não desfrutavam disso; a entidade recebia eventuais doações, e ninguém prestava contas.

Você ocupou cargos de diretoria?
Fui interventor. Em 1982, sucedendo ao Tácito, fui nomeado pelo Ministério do Trabalho para colocar ordem na casa e convocar eleições. Mas antes disso, desde 1957, ocupara cargos na direção sindical, quase sempre na área de Divulgação, que se chamava de Propaganda, naquela época. Também integrei o Conselho Fiscal e o Conselho Deliberativo, e nem sei quantas assessorias. Era procurado, não sei se por prestígio, mas o certo é que nunca deixei de participar. Atualmente, sou membro do Conselho Fiscal.
Também fiz parte da diretoria da Associação Fluminense de Jornalistas, ali na Amaral Peixoto, esquina com Visconde de Itaboraí... o edifício ainda está lá[3]. A Associação foi fundada por Sílvio Fonseca, dono do *Correio Fluminense*, um semanário muito importante, que apoiava o Amaral Peixoto. Era uma entidade rica, proprietária do terreno, em troca do qual recebeu o salão de festas e seis apartamentos no prédio. Tinha uma renda espetacular, dilapidada por uma série infinda de presidentes cujos nomes nem vale a pena mencionar.

Qual a diferença entre o Sindicato e a Associação?
A Associação era mais social, e o Sindicato, embora assegurando alguma assistência, mais atuante na época dos dissídios, nas questões trabalhistas, garantindo assistência jurídica, lutando por um plano de cargos etc. O Sindicato exercia uma pressão muito forte em cima dos jornais e graças a isso tinha bastante apoio nas redações. Ele ainda se mantém,

RUAS CARICATURADO POR ILDO.

abrangendo todo o estado, sem ingerência na cidade do Rio de Janeiro, base territorial de outro sindicato. A razão dessa duplicidade está no fato de os jornais de Niterói não poderem acompanhar os salários do Rio – do lado de cá da poça a condição é outra...

Em 1964, a presidência estava ocupada por um comunista, o Jairo. Você foi diretor de 1957 até 1967. Portanto, as diretorias sindicais eram pluripartidárias. Como é que isso funcionava?
Na minha opinião é isso – a pluralidade de idéias – que garante o equilíbrio sem o qual nenhuma entidade consegue funcionar. É preciso que haja um contraponto. Alguém capaz de conciliar os interesses divergentes e garantir, além de aplausos, críticas. Senão, vira Maria-vai-com-as-outras! O Jairo, comunista como ele era, relacionava-se muito bem com todo mundo. É importante estar aberto. Até hoje eu mantenho excelentes relações com um vereador sabidamente comunista, aqui em Niterói: o Edgar Folly. Eu, um sujeito que sempre fui de direita, que nunca deixei de ter bom relacionamento com os patrões, gosto dele. Há jornais, principalmente os menores, cujas chefias não gostam que gente da reportagem faça parte da diretoria sindical. Em *O Fluminense*, o Alberto Torres, conhecedor do meu caráter, não se importava. Num grande jornal aprende-se a conviver com pessoas das mais variadas tendências... Inclusive com colegas de direita, que depois reivindicam e ganham aposentadorias especiais, dizendo-se perseguidos pela ditadura. Tem de tudo!

E o trabalho de divulgação, como transcorria?

Sem problemas. O número de sindicalizados era muito maior do que hoje, e isso tornava a tarefa importantíssima. O sindicato era ativo e forte, e as assembléias, muito concorridas. Descontava-se a mensalidade em folha, mas muita gente dava ajuda por fora, promovendo festas, auxiliando colegas necessitados etc. Eu vivia preocupado com a situação dos colegas, concentrando esforços para aumentar os benefícios que a entidade lhes oferecia. Com esse mesmo espírito é que fiz parte da diretoria do Conselho Regional de Relações Públicas – no Jornalismo não existe essa instância – e do Sindicato dos Publicitários. Gostava de atuar nesse nível e ainda gosto.

Trabalhando ainda hoje no *O Fluminense*, você chegou a simpatizar com algum partido, a filiar-se a algum partido político?

Sempre tive mais simpatia pela UDN, mas nunca fui fanático. Nem no futebol!... Apenas torço pelo Vasco da Gama. Para ser verdadeiro, com o tempo, eu me tornei um indivíduo que sente ojeriza pela política. Antes, não gostava. Agora, deixei de gostar completamente. Voto, porque não considero obrigação, mas direito do cidadão. Tento escolher o melhor. Também nunca fui de esquerda nem de centro: sou de direita mesmo. O que não quer dizer que não saiba escolher amizades. Essa é uma questão de outro foro. O Folly, a quem me referi há pouco, é meu amigo pessoal: não é 'xiita', é honesto e luta pelo que é justo. Os ideais dele são os meus ideais.

Em 1958, você votou no Roberto Silveira?

Sim e trabalhei na campanha dele. A UDN apoiava sua candidatura. Além do mais, não simpatizava com o Amaral Peixoto, do PSD, que fora interventor... Peixinho da ditadura e do Getúlio! Ele estava no governo quando cheguei a Niterói; foi sucedido pelo Miguel Couto Filho, do mesmo partido, e que me nomeou para a Secretaria de Saúde.

Para um jornalista que chegou à cidade de Niterói na década de 1950, meio século atrás, que visão você tem do crescimento econômico, das mudanças que ocorreram nos costumes?

Ao longo desses cinqüenta anos Niterói viveu períodos bons e períodos ruins. Quando cheguei, o povo era feliz e não sabia: aqueles foram anos dourados. Mas só descobrimos isso muito tempo depois. A disputa política se acirrou, vieram prefeitos que devastaram tudo sem olhar para nada, talvez somente para o seu próprio patrimônio. Coincidentemente, foi um tempo marcado pela escassez de verbas: os municípios ressentiram-se muito. As verbas, afinal, voltaram, mas à custa do aumento de impostos. Hoje em dia, a carga tributária é muito maior. Conforme eu disse, Niterói teve fases muito ruins, mas muito ruins mesmo. Até chegar ao atual prefeito, Jorge Roberto Silveira, um político de se tirar o chapéu. A cidade refloriu. Dizem que é porque o dinheiro está correndo solto... Não sei, mas sob a sua administração nos tornamos a quarta cidade do país em qualidade de vida. Eu destacaria, portanto, dois períodos: os anos dourados e a época atual.

Vivi-os como jornalista e isso me deu um grande prazer. E vivi o jornalismo em todas as suas fases – das velhas máquinas de escrever e do linotipo à imprensa informatizada. Durante meio século convivi com a nata da sociedade fluminense e na política, com homens do porte de Miguel Couto Filho, Celso Peçanha, Paulo Torres, Geremias Matos Fontes. Freqüentava o Palácio do Ingá, sim, mas nunca como áulico, sempre apurando notícias. Fiz boas amizades graças ao meu temperamento, sem achacar ninguém. Nunca deixei de apurar, escrever e publicar algo que o povo devesse saber.

Você viveu, também, no meio empresarial...
Exato. Uma vivência muito agradável, muito feliz, muito boa, que me granjeou uma experiência extraordinária, que me completou, do ponto de vista humano. Tive fases difíceis na minha vida, conheci e aprendi a separar o bom e o mau, amigos e oportunistas. Posso dizer que convivi com gente de todas as camadas sociais. Não é à toa que a minha mulher dirige há trinta anos uma entidade filantrópica – a Associação Fluminense de Reabilitação – sem ganhar nada, é óbvio. Tenho muito orgulho do trabalho dela e também do de minhas filhas, Cristina, que é jornalista como eu, e Nina, que fez administração de empresas. Penso que se algum dia eu tivesse sido um homem rico, hoje estaria pobre. Porque basta colocar debaixo dos meus olhos uma lista de donativos destinados à compra de uma cadeira de rodas ou de uma muleta, se faltar alguma coisa – cinqüenta pratas, dez pratas – eu não vacilo: dou.

* Essa entrevista realizou-se nos dias 31 de maio e 2 de junho de 2000, no Barreto, em Niterói. As entrevistadoras foram Angela de Castro Gomes e Juliana Carneiro. A transcrição esteve a cargo de Carla Guedes Martins e Maurício Vasques, e a conferência de fidelidade e primeira edição do texto foram de Angela de Castro Gomes. A edição final do texto é de Marcos Aarão Reis.

[1] Helena Antipoff era russa e foi uma das pedagogas trazidas da Europa para Belo Horizonte, quando Francisco Campos era o secretário do Interior e Justiça do governo de Minas Gerais. Nos anos 1920, ele, juntamente com Mário Casassanta, realizou uma reforma modernizadora no ensino de seu estado. Após a Revolução de 1930, Campos seria o primeiro titular do novo Ministério da Educação e Saúde Pública. A presença e influência dessa pedagoga é reconhecida e respeitada até hoje, em Minas Gerais e em todo o Brasil.

[2] A chamada revolta das barcas ocorreu no dia 22 de maio de 1959 em Niterói. Na ocasião, em função dos atrasos constantes das lanchas, milhares de pessoas enfrentaram tropas e destruíram a estação das barcas. Sobre o episódio, ver Edson Nunes, A revolta das barcas: populismo, violência e conflito político, Rio de Janeiro, Garamond, 2000.

[3] É o edifício Palácio dos Jornalistas.

Este livro, da MAUAD Editora,
em co-edição com a FAPERJ,
foi composto em Ottawa e
impresso em papel Alta Print 90g,
na Gráfica Imprinta.